Hans-Christoph Raab

Chinesisch – sprechen lesen schreiben

Sprach- und Schriftübungsbuch 1

3., verbesserte Auflage

JULIUS GROOS VERLAG TÜBINGEN

Bibliografische Information der Deutschen Nationalbibliothek

Die Deutsche Nationalbhibliothek verzeichnet diese Publikation in der Deutschen Nationalbibliografie; detaillierte bibliografische Daten sind im Internet über <http://dnb.ddb.de> abrufbar.

Nachdruck der 3. überarb. Auflage 2002

Postfach 25 25 · D-72015 Tübingen
www.stauffenburg.de

Gedruckt auf säurefreiem und alterungsbeständigem Papier.

Printed in Germany

ISBN 978-3-87276-860-5

Vorwort zur dritten Auflage

Das vorliegende Unterrichtswerk der chinesischen Umgangssprache ist aus der Notwendigkeit entstanden, ein Lehr- und Übungsbuch zu erstellen, das den Bedürfnissen der Lehrenden und Lernenden an allgemeinbildenden Schulen und Institutionen entspricht. Obwohl es in der dritten - zwar fehlerbereinigten, aber im Wesentlichen unveränderten - Auflage ebenso wenig wie in den früheren ein in allen Belangen völlig neu konzipiertes Lehrwerk darstellt, scheint das Defizit an gleichwertigen oder besseren Alternativen und der mittlerweile erreichte Status als Standardwerk für die angesprochenen Adressaten die Notwendigkeit seines Weitererscheinens zu rechtfertigen. Daran kann man unter anderem ablesen, dass eine konsequente Antwort auf die Frage, wie man den spezifischen Voraussetzungen und Lernzielvorstellungen dieser Lernenden gerecht werden könne, bei den Bedingungen an allgemeinbildenden Schulen nicht eben leicht zu geben ist.

Die Wahrheiten, die für das Grundkonzept dieses Lehrbuches sorgten, gelten nach wie vor. Die Erfahrungen im Chinesischunterricht am Gymnasium und Beobachtungen im Volkshochschulunterricht führten mich zu der grundlegenden Konsequenz, auf die von vielen für unabdingbar erachtete unmittelbare Verknüpfung von Spracherwerb und Erlernen der Schriftzeichen zu verzichten. Es zeigt sich immer wieder, dass der sprachliche Lernprozess bei Anfängern durch die langwierigen Lese- und Schreibübungen erheblich verschleppt wird. Die zu Beginn zweifellos hohe Motivation, die von den als exotisch empfundenen Schriftzeichen ausgeht, bleibt häufig nicht erhalten, weil der Druck von Seiten des schnelleren Sprachlernens auf das Zeichenlernen in der Regel übermäßig groß wird. Das Unbehagen an der eigenen Leistung führt dann automatisch zum Verlust des Interesses an dem einen oder anderen Teil des Unterrichts oder dessen völlige Aufgabe.

Diese Erfahrungen zwangen beim vorliegenden Lehrwerk zu einem zweiteiligen Konzept. Teil A bedient sich als Sprachbuch der Lautumschrift „Hànyǔ pīnyīn“, Teil B widmet sich unabhängig davon der Vermittlung der chinesischen Schriftzeichen, dem Lesen und Schreiben. Beide Teile sind durch übereinstimmendes Vokabular wiederum miteinander verknüpft. Dabei sind logischerweise das auf die absolute Menge bezogene Lerntempo und das Vokabular insgesamt im Sprachteil um einiges größer als im Zeichenteil.

Die Auswahl der 150 vorgestellten Schriftzeichen erfolgte zum Teil danach, zu welchem Zeitpunkt das entsprechende Wort im Teil A eingeführt wird, zum anderen aber auch nach Struktur und Häufigkeit bzw. Sprachrelevanz. Bei den vielerlei Bedingungen, die eine flexible Koppelung von Sprach- und Zeichenerwerb nach sich zieht, ist eine in sich konsequente Schriftzeichendidaktik, wie sie neuerdings verstärkt gefordert wird, in einem Lehrwerk der vorliegenden Art nicht gänzlich realisierbar.

Um das Niveau der Texte in Teil B zu garantieren, wurde teilweise das Komplettierungsverfahren verwendet, nach dem die Wörter bzw. Wortteile, die jeweils noch nicht als Schriftzeichen bekannt sind, in der pinyin-Umschrift eingesetzt werden - ein methodisches Verfahren, das im zweiten Band des Lehrwerks für alle Texte und Übungsteile konsequent durchgeführt wird. Es ergibt sich allerdings die didaktische Notwendigkeit, der Behandlung des Sprachteils einen Vorlauf von mehreren Lektionen gegenüber dem Zeichenteil zu gewähren, um die Verständlichkeit der Texte in Teil B zu erhalten. Es ist also ratsam, mit dem Zeichenteil erst dann zu beginnen, wenn die ersten Kapitel des Sprachteils erarbeitet sind. Es bleibt letztlich dem didaktischen Konzept des Lehrers überlassen, wie er die beiden Teile des Lehrbuchs zeitlich sinnvoll miteinander verknüpft.

Erleichterung bei der Erstellung des Teils A bot seinerzeit die Erlaubnis des Beijinger Publikationszentrums, sich an den "Practical Chinese Reader", das damals neueste Unterrichtswerk der chinesischen Standardsprache aus Beijing, anzulehnen. Diese Möglichkeit wurde bei den Texten und der Zusammenstellung des Vokabulars vor allem in den ersten Lektionen wahrgenommen, zumal hier die Brauchbarkeit des heute insgesamt doch in die Jahre gekommenen Lehrwerks nach wie vor außer Frage steht. Texte und Vokabular in den späteren Lektionen sind nach eigenständigen Gesichtspunkten zusammengestellt worden und lösen sich deshalb mehr und mehr von der Vorlage. Dies gilt in noch größerem Maße für Anmerkungen, Grammatik und Übungen, deren Charakter und Inhalte sich in erster Linie nach meinen Erfahrungen und Erprobungen im Unterricht am Gymnasium richten. Die Idee, in die Lektionen landeskundliche, kulturgeschichtliche und sprachkundliche Informationen aufzunehmen, wurde aufgegriffen und ausgebaut.

Um Konfusion zu vermeiden, wird für die grammatischen Erklärungen unter Inkaufnahme des Verzichts auf unbedingte wissenschaftliche Exaktheit eine möglichst weitgehende Annäherung an die vorgegebenen schulgrammatischen Vorstellungen der Schüler gesucht. Ungereimtheiten und Unklarheiten in Fragen der Orthographie (Getrennt- und Zusammenschreibung, Tonzeichen) wurden nach bestem Wissen und Gewissen behandelt und in wenigen Einzelfällen selbständig entschieden.

Eine klare Festlegung der Zahl der Unterrichtsstunden, in der die Stoffmenge dieses zweiteiligen Einführungsbandes bewältigt werden kann, ist nicht möglich. Erfahrungen zeigen allerdings, dass in weniger intensiv gestalteten Kursen wie gymnasialem Wahlunterricht, Arbeitsgemeinschaften und VHS-Kursen der Stoff im Durchschnitt für eineinhalb bis zwei Jahre ausreicht. Dabei ist zu berücksichtigen, dass insbesondere die Übungen fakultativen Charakter besitzen und den methodisch-didaktischen Ermessensspielraum des Lehrers nicht einschränken sollen.

Auch wenn dieser erste und der anschließende zweite Band des Lehrwerks vorrangig für den Einsatz im Schulunterricht und als unterrichtsbegleitende Übungsbücher gestaltet sind, wurde bei den Materialien, Erklärungen und Übungen darauf geachtet, dass auch die Bedürfnisse des Autodidakten ausreichend berücksichtigt werden. Ihm kommen überdies sicher die Zweiteiligkeit des Konzepts, die umfangreichen Übungsteile und die Verfügbarkeit von Hörkassetten zu beiden derzeit erschienenen Bänden entgegen.

Von einer Beschränkung auf das Wesentliche lässt sich bei lediglich 15 Lektionen des Teils A schwerlich sprechen. So gesehen stellte sich das Problem der Vokabel- und Grammatikauswahl für einen Einführungsband als sehr schwierig dar. Es ist nur mit dem Mut zur Lücke zu lösen gewesen. Letztlich blieb der Gedanke der optimalen Anwendbarkeit und möglichst praxisnahen Sprachverwendung vorrangig, ohne dass dabei der Charakter des puren Kommunikationskurses angestrebt worden wäre. Was in Vokabular und Grammatik an Wichtigem vorerst auf der Strecke blieb, ist für die folgenden Bände zurückgestellt worden.

Für die weitere Arbeit sind mir Kritik, Anregungen und Verbesserungsvorschläge stets willkommen.

Würzburg, im März 2001 Hans-Christoph Raab

Inhaltsverzeichnis TEIL A

Teil B

Teil A

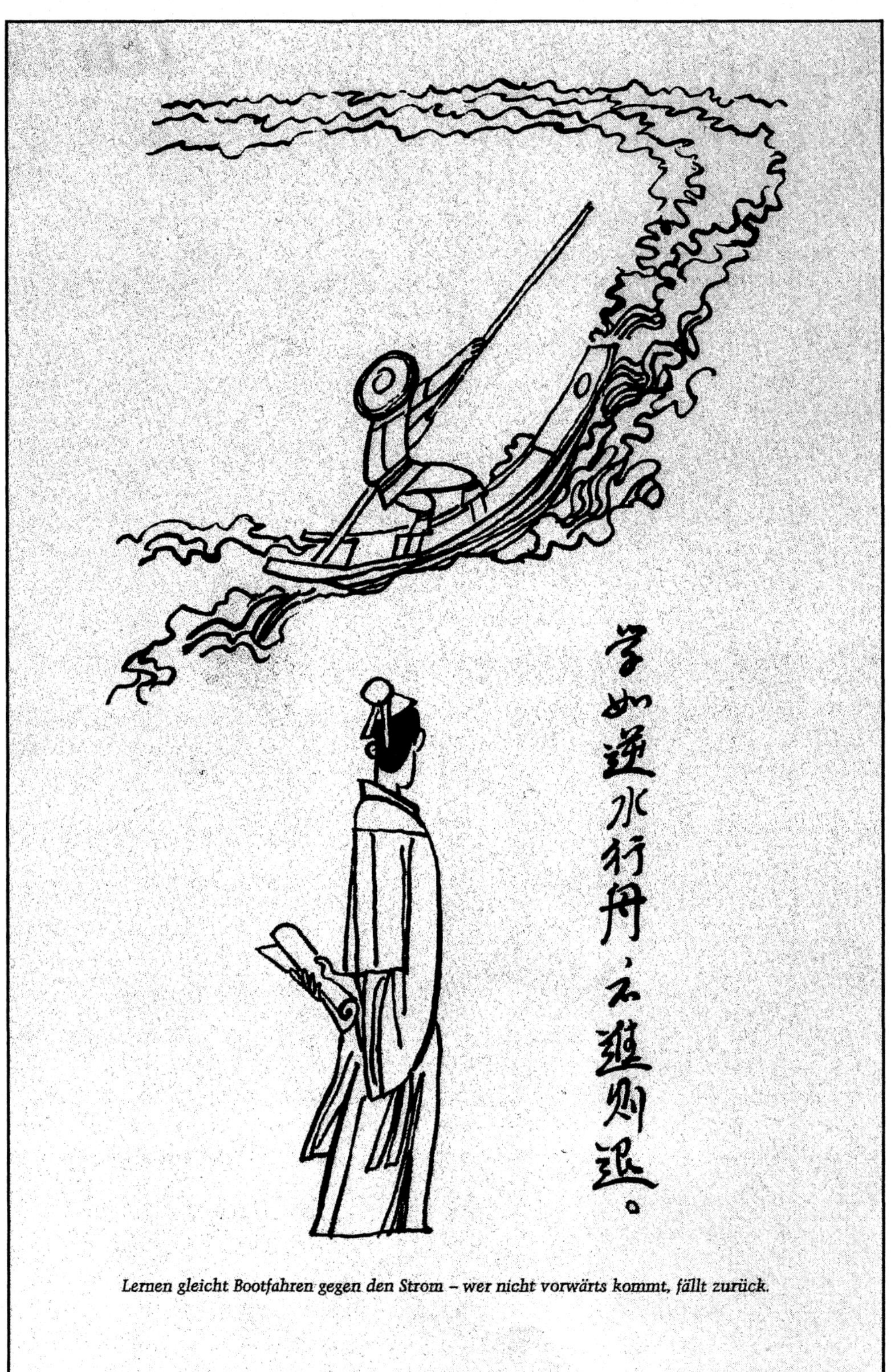

Lernen gleicht Bootfahren gegen den Strom – wer nicht vorwärts kommt, fällt zurück.

LEKTION 1

Einführung

Was man vorweg über die chinesische Sprache wissen sollte:

1. Sprachstruktur

   Das gesprochene Hochchinesisch besteht aus etwas mehr als 400 Silben, die für sich gesehen jeweils eine Bedeutungseinheit darstellen, aber sehr häufig erst in Kombination mit anderen Silben (als zwei- oder mehrgliedrige Komposita) gebräuchliche Wörter und Ausdrücke bilden.

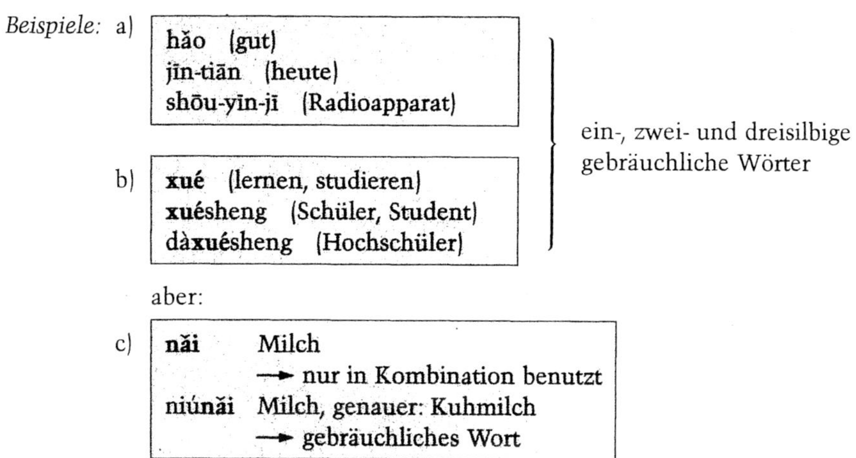

Beispiele: a)

hǎo (gut)
jīn-tiān (heute)
shōu-yīn-jī (Radioapparat)

b)

xué (lernen, studieren)
xuésheng (Schüler, Student)
dàxuésheng (Hochschüler)

ein-, zwei- und dreisilbige gebräuchliche Wörter

aber:

c)

nǎi Milch
→ nur in Kombination benutzt
niúnǎi Milch, genauer: Kuhmilch
→ gebräuchliches Wort

2. Zur Lautung und Lautschrift

   Einer chinesischen Silbe – als kleinster bedeutungstragender Spracheinheit – entspricht in der geschriebenen Sprache ein Schriftzeichen. Dass es viel mehr Schriftzeichen als nur die etwas mehr als 400 Silben gibt, ist sicherlich bekannt. Wir gehen unten näher auf diese Frage ein.

   Wie alle Kinder auf dieser Welt lernen auch chinesische Kinder spielerisch im Alltag sprechen und verstehen, ohne ein einziges Schriftzeichen zu kennen. Beim Erwerb einer Fremdsprache haben wir diese Möglichkeit nicht und müssen uns an Geschriebenem orientieren. Da die chinesische Schrift keine Lautschrift ist, d. h. man den Schriftzeichen nicht ansieht, wie sie ausgesprochen werden, muss man nicht nur ihre Bedeutung erlernen (das muss man bei Wörtern in jeder Sprache), sondern (das ist das Besondere am Chinesischen) auch ihre Lautung.

   Mit unseren 26 lateinischen Buchstaben und einigen Umlauten (ä, ö, ü) können wir jedes Wort unseres Sprachkreises in etwa lautlich erschließen, d. h. ablesen, freilich auch ohne es zu verstehen. Im Chinesischen ist es fast umgekehrt. Da es sich um eine Symbolschrift handelt, verkörpern die chinesischen Zeichen in erster Linie – so etwa wie ein Verkehrsschild – eine bestimmte Bedeutung, ohne dass man ihrer Struktur ansehen könnte, wie sie zu lesen sind. Bei einigen wenigen Zeichen, die im Laufe der mehrtausendjährigen Entwicklung der chinesischen Schrift richtige Bildzeichen geblieben sind, lässt sich die Bedeutung sogar direkt ablesen; so etwa die Ziffern eins (一), zwei (二) und drei (三) und die Wörter wie Mitte (中), oben (上) und unten (下).

Lektion 1

Solange es europäische Chinareisende gibt, ist verständlicherweise versucht worden, das Problem der vielen tausend Schriftzeichen beim Erlernen der Sprache in den Griff zu bekommen oder es gar zu umgehen. Man hat Umschriftsysteme auf der Basis der lateinischen Buchstaben entwickelt, die den Lautbestand der chinesischen Silben in etwa wiedergeben konnten – nur „in etwa", weil viele chinesische Laute eben nur annäherungsweise europäischen Lauten entsprechen.

Die offizielle Lautschrift der Volksrepublik China heißt „Hànyǔ-pīnyīn" (Lautschrift der chinesischen Sprache). Sie wird auch im ersten Teil dieses Lehrbuches verwendet und soll uns die Aneignung des gesprochenen Chinesisch erleichtern. Für das Erlernen der Schriftzeichen ist der Teil B zuständig.

Einige Buchstaben der Lautschrift würden wir als Deutsche vollkommen anders aussprechen (z. B. x in xin; liegt in der Aussprache zwischen ß und sch). Doch die richtige Leseweise wird Ihnen sehr schnell in Fleisch und Blut übergehen. (Eine Übersicht über die Aussprache aller chinesischen Laute finden Sie im Anschluss an die Bemerkungen zur chinesischen Grammatik.) Beachten Sie auch, dass im Chinesischen nicht zwischen kurzen und langen Vokalen unterschieden wird, sondern in unserem Verständnis prinzipiell eine mittlere Länge vorliegt.

3. Die vier Töne

Dass etwas mehr als 400 Silben eigentlich nicht genügen können, um der Sprache eines Kulturvolkes eine ausreichende Zahl von Bedeutungsträgern zu verschaffen, leuchtet jedem ein. Im Chinesischen (genauer gesagt: im Beijing-Dialekt, dem Hochchinesischen) ist deshalb deren Zahl dadurch vermehrt, dass es vier Töne bzw. Tonbewegungen gibt.

Hier die vier Töne:

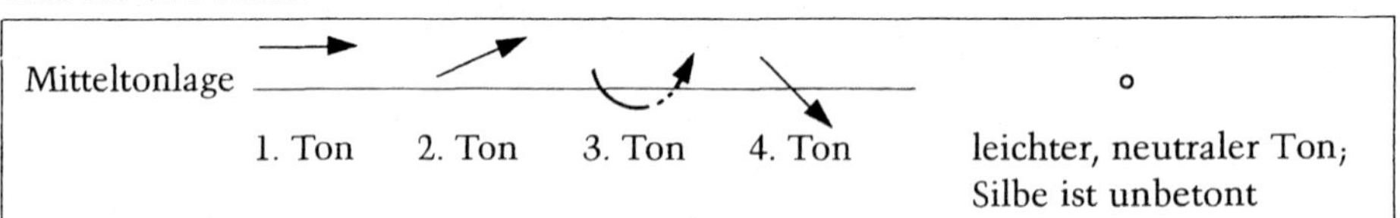

Gleiche Silben mit unterschiedlichen Tönen tragen verschiedene Bedeutung.

Beispiel:	mā	má	mǎ	mà	må
	(Mutter)	(Hanf)	(Pferd)	(schimpfen)	(Fragepartikel)

Verwechslung von Tönen kann unter Umständen zu erheiternden oder auch peinlichen Situationen führen.

Beispiele: a) Wǒ yào **wěn** nǐ.
(Ich will dich **küssen**)
statt
Wǒ yào **wèn** nǐ.
(Ich will dich **fragen**.)

b) yì (hundert Millionen)
statt
yī (eins)

Das sind natürlich Extremfälle. Jedenfalls kann die Nichtbeherrschung der vier Töne zu Missverständnissen oder gar zu völliger Unverständlichkeit der beabsichtigten Aussage führen. Beim Lernen einer Silbe muss der dazugehörige Ton mitgelernt werden. Er wird über dem Vokal angedeutet: (ˉ ˊ ˇ ˋ)

Da mit theoretisch maximal ca. 1600 Kombinationen (ca. 400 Silben × 4 Töne) – in Wirklichkeit gibt es nur etwa 1350 akustisch unterscheidbare Silben – ebenfalls noch kein umfassender Wortschatz zu schaffen ist, ist einzusehen, dass viele gleiche Silben mit denselben Tönen mehrmals existieren.

Beispiel: Die Silbe „li" wird für etwa 90 verschiedene Zeichen gebraucht, davon allein 40 mal im vierten Ton (lì)

z. B. 力 (lì) = Kraft 利 (lì) = Vorteil 立 (lì) = errichten etc.

Doch keine Sorge! Die Verständlichkeit der Aussage ergibt sich stets aus dem Zusammenhang.

Dies vor allem deshalb, weil es im Chinesischen nicht bloß einsilbige Wörter gibt. Die durchschnittliche chinesische Wortlänge liegt bei knapp zwei Silben (Schriftzeichen). Im modernen Chinesischen werden die vorgenannten drei Zeichen, die alle die Aussprache lì tragen, nicht isoliert gebraucht. Für „Kraft" sagt man **lìqi** (力气), für „Vorteil" **lìyì** (利益) und für „errichten" **jiànlì** (建立). Wenn man je zwei der 1350 Sprachsilben miteinander kombiniert, können alleine 1 822 500 unterschiedliche zweisilbige Wörter gebildet werden. Man sieht: In den Tönen, der Kombination der Sprachsilben und dem Kontext liegt das Geheimnis der sprachlichen Ausdrucksfähigkeit des Chinesischen.

Zwar besitzt jede Silbe mit einer bestimmten Bedeutung (also die Entsprechung eines Schriftzeichens) einen zugehörigen Ton, doch wird in manchen Silbenkombinationen (Wörtern) die definierte Betonung durch einen sogenannten neutralen, leichten Ton ersetzt, so dass man auch von unbetonten Silben sprechen kann. Diese Erscheinung ist ein natürlicher Tribut an die Flüssigkeit der Umgangssprache.

Grundsätzlich aber gilt: **Beachten Sie die richtigen Töne**, und sprechen Sie sie **bewusst deutlich** aus! Fürchten Sie sich nicht vor scheinbarer Übertreibung!

4. Zur chinesischen Grammatik

Bietet das Chinesische in der Aussprache gewisse Schwierigkeiten, so wird ein erfreulicher Ausgleich durch die recht einfache Grammatik geschaffen.

Die Beugung (Flexion) von Wörtern, wie sie als Deklination von Substantiven und Konjugation von Verben sonst mühsam erlernt werden muss, existiert im Chinesischen ebenso wenig wie der bestimmte und unbestimmte Artikel. Auch die Unterscheidung von Aktiv und Passiv, Indikativ und Konjunktiv, Singular und Plural sowie der verschiedenen Zeitstufen ergibt sich im Chinesischen im wesentlichen aus dem Gesamtzusammenhang der Rede oder des Textes, weniger durch systematische Wortbildung oder Hilfswörter. Eine umso größere Rolle spielt der Satzbau, durch den fast ausschließlich die grammatischen Beziehungen sichtbar gemacht werden können. Kein Wunder also, dass auf das Einüben von Satzbaumustern größtes Gewicht gelegt werden muss!

Überblick über die chinesischen Laute und Lautverbindungen

m, f, n, l:	genau wie im Deutschen ausgesprochen
b, d, g:	ähnlich wie im Deutschen; jedoch nicht stimmhaft, sondern nur unbehaucht (kein Luftausstoß)
p, t, k:	ähnlich wie im Deutschen; jedoch stark behaucht (kräftiger Luftausstoß)
r:	liegt zwischen dem englischen r (wie in „**r**ight") und dem deutschen sch (wie in „**sch**on"); stimmhaft gesprochen
s:	scharfes ß wie in „Ma**ß**"
sh:	ähnlich dem deutschen sch, aber mit Zungenstellung wie beim englischen r
x:	liegt zwischen deutschem ch wie in „i**ch**" und ß
h:	ähnlich wie ch in „Bu**ch**"
j:	etwas spitzer als tsch in „ki**tsch**ig", aber unbehaucht

q: wie j, aber stark behaucht
z: ähnlich wie zz in „Pi**zz**a", unbehaucht
c: wie z, jedoch stark behaucht
zh: wie dsch in „Mahara**dsch**a", unbehaucht
ch: wie zh, aber stark behaucht
w: wie englisches w; am Silbenanfang häufig für u
y: wie y im englischen „you"; am Silbenanfang vor u (ü) und i nicht ausgesprochen
a: offenes, langes a wie in „L**a**ge"
o: halboffenes halblanges o
e: ähnlich dem e in „Gab**e**"
i: langes i wie in „n**ie**"
am Silbenanfang als „yi" geschrieben;
in folgenden Verbindungen nur ein Scheinvokal: chi, ci, ri, shi, si, zi, zhi; wird hier nicht wie deutsches i gesprochen, sondern deutet den geringen Luftausstoß beim stimmhaften Ausklang an.
u: a) wie deutsches u in „d**u**"
b) nach j, q, x und y wie ü
ü: langes ü wie in „l**ü**gen"
ai: wie in „M**ai**"
ei: wie im englischen „s**ay**"
ao: ähnlich dem deutschen au in „S**au**"
ou: in etwa wie im englischen „l**ow**"
an: etwas länger als in „m**an**"
ang: etwas gedehnter als in „l**ang**"
en: ähnlich wie in „wag**en**"
eng: ähnlich wie deutsches „eng" mit leicht unterdrücktem Vokal
ong: nicht wie in „Gong", sondern „ung" wie in „ges**ung**en"
ia: wie „ja"; als selbständige Silbe „ya" geschrieben
ie: wie „je"; als selbständige Silbe „ye" geschrieben
iu: wie „iou" gesprochen, ähnlich wie in „**Yo**ga"; als selbständige Silbe „you" geschrieben
iao: wie in „**jau**len"; als selbständige Silbe „yao" geschrieben
ian: als selbständige Silbe „yan" geschrieben, das a als ä gesprochen; wie die japanische Währung „Yen"

ua, uo, uai, uang, ueng: in diesen Kombinationen wird das u ähnlich dem englischen w gesprochen; u trägt nie die Betonung; steht u am Silbenanfang, so wird es als w geschrieben (z. B. uo → wo; uai → wai)

ui: wie „uei" gesprochen; schreibt sich als selbständige Silbe „wei"

ue, uan, un: werden als selbständige Silben „yue", „yuan" und „yun" geschrieben; in diesen Verbindungen klingt das u wie ü; in der Verbindung „uan" klingt zudem das a ähnlich wie ä (also üän)

Erste Laut- und Tonübungen

1. Lesen Sie in den vier Tönen:

nī	ní	nǐ	nì
hāo	háo	hǎo	hào
gē	gé	gě	gè
dī	dí	dǐ	dì

2. Setzen Sie selbständig in die vier Töne:

wo	hen .....
ma	ye .....

3. Bemühen Sie sich um die richtigen Töne:

máng	hǎo	tāme̊n*	wǒme̊n
bù	dōu	gēge̊	hěn máng
hěn	yě	nǐme̊n	hǎo må
tā	dì	dìdi̊	bù máng

---

* Das Tonzeichen ° deutet einen neutralen Ton an. Zur Vereinfachung fällt er zukünftig fort, womit eine Silbe ohne Tonzeichen stets unbetont gesprochen wird.

Ein weitverbreitetes Gerücht

... besagt, daß auf Chinesisch

der Dieb	lángfǐng
der Polizist	lángfǐngfāng
der Polizeihund	lángfǐngfāngwào

heiße. Dem muss energisch entgegengetreten werden. Wahr ist, dass

der Dieb	xiǎotōu
der Polizist	jǐngchá
der Polizeihund	jǐngquǎn

heißt. Leicht machen es sich auch jene Leute, die glauben, „Ofen“ mit „hǎicōng“ übersetzen zu können. Richtiger ist „lúzi“.

LEKTION 2 Begrüßung, Fragen nach dem Befinden

Text

1. *Lìsā:* Hànsī, nǐ hǎo!
   Hànsī: Lìsā, nǐ hǎo!

2. *Hànsī:* Nǐ hǎo ma?
   Lìsā: Wǒ hěn hǎo, nǐ ne?
   Hànsī: (Wǒ) yě hěn hǎo.
   Lìsā: Nǐ máng ma?
   Hànsī: (Wǒ) bù máng.
   Lìsā: Nǐ gēge hǎo ma?
   Hànsī: Tā hěn hǎo. Nǐ gēge, nǐ dìdi hǎo ma?
   Lìsā: Tāmen dōu hěn hǎo.

Vokabeln zum Text	nǐ	du, Sie
	hǎo	gut, wohl
	ma	(Fragepartikel)
	wǒ	ich
	hěn	sehr, ziemlich
	ne	(Satzpartikel)
	yě	auch
	máng	beschäftigt
	bù	nicht
	gēge	älterer Bruder
	tā	er, sie, es
	dìdi	jüngerer Bruder
	tāmen	sie (Pl.)
	dōu	alle(s), hier: beide
Eigennamen	Lìsā	Personenname; für: Lisa
	Hànsī	Personenname; für: Hans

Anmerkungen

1. Die Frage „Nǐ hǎo ma?" bedeutet „Wie geht's?".
   In ihrer verkürzten Form „Nǐ hǎo!" verliert sie ihren Fragecharakter und wird zur allgemein üblichen Begrüßungsformel im Sinne von „Guten Tag (Morgen, Abend)!".

2. „Nǐ ne?" bedeutet bei der Begrüßung „Und dir?", ansonsten „Und du?".

3. Die Klammer im Satz „(Wǒ) yě hěn hǎo." deutet an, dass das Subjekt im gesprochenen chinesischen Satz fortfallen kann, wenn dadurch kein Missverständnis möglich ist.

4. Besonderheiten beim 3. Ton:
   Treffen zwei oder mehrere Silben im 3. Ton aufeinander, behält nur die jeweils letzte Silbe ihren ursprünglichen Ton, während sich die vorhergehenden 3. Töne zu 2. Tönen wandeln.

   Beispiele: Nǐ hǎo! — Ní hǎo! [gesprochen]
   Wǒ hěn hǎo. — Wó hén hǎo. [gesprochen]

   Auch in allen anderen Fällen braucht man beim 3. Ton kein besonderes Gewicht auf die Bogenform (◡) zu legen, da in der flüssigen Rede nur der absinkende erste Teil des Tones (⌄) erhalten bleibt. Achten Sie aber (anders als beim 4. Ton) auf tiefes Ansetzen der Stimme, d. h. unterhalb der Mitteltonlage!

   Beipiele: Wǒ bù máng. — (Ich habe nicht viel zu tun.)
   Wǒmen dōu hǎo. — (Uns allen geht es gut.)

   Die Tonzeichen werden trotz lautlicher Veränderungen stets in ihrer ursprünglichen Form geschrieben.

5. Das Personalpronomen (wǒ, nǐ, tā …) kann zur Bezeichnung von familiären und sozialen Beziehungen ohne Zusatz auch als Possessivpronomen verwendet werden.

Beispiele: wǒ dìdi — mein kleiner Bruder
nǐ gēge — dein großer Bruder

Grammatik

1. *Sätze mit adjektivischem Prädikat*

Der einfachste chinesische Satz hat folgendes Aussehen:

[Subjekt] – [Prädikat]

Beispiele: Nǐ hǎo.
Wǒ hěn hǎo.
Tā hěn máng.

Das Prädikat wird hier von einem Adjektiv bzw. einem erweiterten Adjektiv gebildet. Die chinesischen Adjektive können als eine Art von Zustandsverb fungieren, bedürfen also nicht des Hilfsverbs „sein", das sozusagen schon in ihnen enthalten ist:

Wǒ ( ) hěn máng.
(Ich **bin** sehr beschäftigt.)

Ein adjektivisches Prädikat bleibt nur selten ohne Erweiterung. Im normalen Aussagesatz wird es häufig mit „hěn" (sehr) erweitert, das hier seine verstärkende Wirkung fast völlig verliert.

Beispiel: **Nicht:** Tāmen máng.
Sondern: Tāmen **hěn** máng. (Sie sind beschäftigt.)

Wird das Adjektiv durch andere Adverbien oder Verneinung erweitert, ist „hěn" nicht nötig.

2. *Die Verneinung des adjektivischen Prädikats*

erfolgt durch Voranstellung des Adverbs „bù".

[Subjekt] – [Verneinung] – [Prädikat]

Beispiel: *Tā* **bù** máng.
(Er ist **nicht** beschäftigt.)

3. *Die Adverbien „dōu und „yě“*

werden häufig gebraucht.
„dōu" bezieht sich auf **vorher** genannte zwei oder mehrere Personen bzw. Dinge. Es steht üblicherweise zwischen Subjekt und Prädikat, kann aber auch selbst Subjekt eines Satzes sein.

Beispiele: Wǒ gēge, wǒ dìdi, tāmen **dōu** hěn hǎo.
(**Beiden**, meinem großen und meinem kleinen Bruder, geht es gut.)
Wǒmen **dōu** hěn máng.
(Wir sind **alle** beschäftigt.)
Dōu hěn hǎo.
(**Allen** geht es gut. / **Alles** ist gut.)

Auch „yě" bezieht sich gewöhnlich auf ein vorangehendes Subjekt.

Beispiel: „Wǒ **yě** hěn hǎo. (**Auch** mir geht es gut.)

Treffen „yě" und „dōu" aufeinander, geht „yě" voran.

Beispiel: Wǒmen **yě dōu** hěn máng. (Wir sind **auch alle** beschäftigt.)

4. *Fragesatz mit Fragepartikel „ma"*

Der einfachste Typus des Fragesatzes wird gebildet, indem an den unveränderten Aussagesatz die unbetonte Fragepartikel „ma" angehängt wird.

Subjekt – Prädikat – Fragepartikel

Beispiele:	Nǐ	hǎo	**ma**?
	Nǐ dìdi	máng	**ma**?

Übungen

1. Lesen Sie in sauberen Tönen:

hǎo	máng	dì	dē
bù	tā	hěn	dōu
nǐmen	wǒ	gēge	yě
tāmen	bù máng	hěn hǎo	dìdi

2. Achten Sie auf unterschiedliche Lautung:

dì – tì	gē – kē
dà – tà	dōu – tōu
bù – pù	hěn – kěn

3. Was sagen Sie, wenn
   - Sie jemanden begrüßen wollen?
   - Sie nach dem Befinden Ihres Gesprächspartners fragen wollen?
   - Sie auf die Frage nach Ihrem Befinden antworten wollen?
   - Sie Ihren Gegenüber nach dem Befinden seines großen (kleinen) Bruders fragen wollen?
   - Sie Ihrem Gegenüber das Wohlbefinden Ihres großen (kleinen) Bruders bestätigen wollen?
   - Sie das Wohlbefinden beider Brüder bestätigen wollen?
   - Sie Ihren Gegenüber fragen wollen, ob er zu tun hat?
   - Sie bestätigen wollen, dass Sie gerade Zeit haben?
   - Sie bestätigen wollen, dass es Ihnen auch gutgeht?

4. Spielen Sie mit Ihrem Sitznachbarn eine ähnliche Dialogszene wie im Text:
   - Begrüßung
   - Frage nach eigenem Wohlbefinden
   - Frage nach Wohlbefinden der Brüder

Lernen Sie auswendig:

Nǐ hǎo ma?
Hěn hǎo, nǐ ne?
Yě hěn hǎo.
Nǐ máng ma?
Bù máng.
Nǐ gēge hǎo ma?
Wǒ gēge hěn hǎo.

Hochsprache und Dialekte

Wenn wir heute vom Hochchinesischen (oder auch „Mandarin") sprechen, meinen wir die Standardsprache, die auf dem Nordchina-Dialekt basiert, wie er vor allem in und um Beijing (Peking) gesprochen wird.

Insgesamt gibt es acht Hauptdialekte. Die anderen sieben sind:

- Wu-Dialekt der Provinzen Jiangsu und Zhejiang
- Kanton (Guangdong)-Dialekt
- Dialekt der Provinz Hunan
- Kejia-Dialekt (auch „Hakka" genannt, gesprochen von den Nachfahren solcher Bevölkerungsteile, die in früheren Jahrhunderten vom Norden in südliche Provinzen auswanderten.)
- Dialekt des nördlichen Teils der Provinz Fujian
- Dialekt des südlichen Teils der Provinz Fujian (auch in Taiwan gesprochen)
- Dialekt der Provinz Jiangxi.

Diese Dialekte sind voneinander so sehr verschieden, dass ihre jeweiligen Sprecher sich kaum verstehen. Unterschiede bestehen insbesondere in der Aussprache, weniger in Wortschatz und Grammatik. Jeder Hauptdialekt hat noch eine Reihe von Unterdialekten, deren Sprecher sich aber einigermaßen untereinander verständigen können.

Seit der Gründung der Volksrepublik China gilt die dem in Beijing gesprochenen Nordchina-Dialekt ähnliche Standardsprache als allgemein verbindliche Hochsprache für das ganze Land und verbreitet sich seitdem vor allem über die Schulen und Medien in alle Landesteile.

LEKTION 3

Vorstellung; Besitzverhältnisse

Text

1. *Lìsā:* Zhè shì wǒ péngyou Hànsī.
   Zhè shì wǒ bàba.
   Zhè shì wǒ māma.
   Hànsī: Nǐmen hǎo!
   Bàba, Māma: Nǐ hǎo!

2. *Lìsā:* Nà shì shéi?
   Hànsī: Nà shì wǒmen lǎoshī.
   Lìsā: Tā shì nǎ guó rén?
   Hànsī: Tā shì Zhōngguó rén.
   Lìsā: Tā shì Hànyǔ lǎoshī ma?
   Hànsī: Tā shì Hànyǔ lǎoshī.

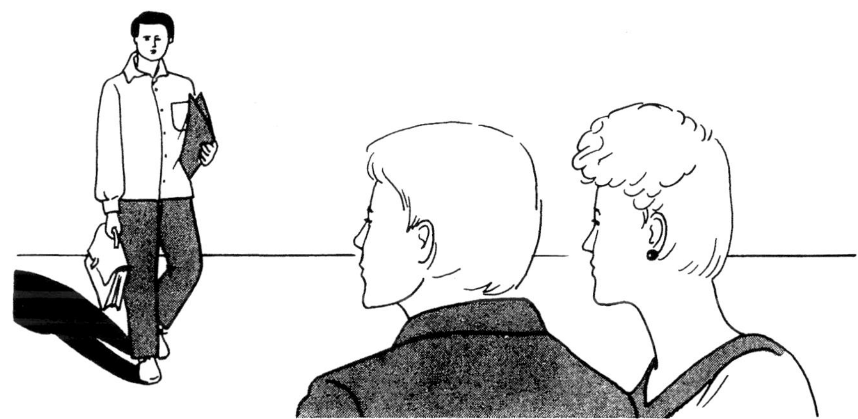

3\. *Hànsī:* Nǐ māma shì dàifu ma?
Lìsā: Shì, tā shì dàifu.
Wǒ bàba shì lǎoshī.

Hànsī: Zhè shì nǐ de chē ma?
Lìsā: Bú shì wǒ de chē,
shì wǒ bàba de chē.

Hànsī: Nà shì tā de shū ma?
Lìsā: Nà bú shì tā de shū,
shì wǒ de.

Vokabeln zum Text	zhè (auch: zhèi)	diese/-r/-s
	shì	sein (bin, bist, ist, sind ...)
	bàba	Vater, Papa
	māma	Mutter, Mama
	péngyou	Freund, Bekannter
	men	(Pluralsuffix für Personen)
	nà (auch: nèi)	jene/-r/-s
	shéi (auch: shuí)	wer?
	lǎoshī	Lehrer
	nǎ (auch: něi, nǎi)	welche/-r/-s
	guó	Land
	rén	Mensch, Person
	Zhōngguó	China
	Hànyǔ	Chinesisch(e Sprache)
	dàifu	Arzt
	de	(besitzanzeigende Partikel)
	chē	Fahrzeug
	shū	Buch
Weitere Vokabeln	Déguó	Deutschland
	Fǎguó	Frankreich
	Yīngguó	England
	Měiguó	USA
	Rìběn	Japan
	Yīngyǔ	Englisch

Anmerkungen

1. Der Ausdruck „zhè shì …" (Das ist…) ist die übliche Formulierung, um eine Person der anderen vorzustellen. Mit „wǒ shì …" (Ich bin …) stellt man sich selbst vor.

2. Personalpronomen werden durch Anhängung des Suffixes -men in den Plural gesetzt:
   wǒ (ich) – wǒmen (wir)
   nǐ (du) – nǐmen (ihr)
   tā (er, sie) – tāmen (sie)
   Da es im Chinesischen generell keine Pluralbildungen gibt, liegt hier eine Ausnahme vor. Außer beim Personalpronomen wird das Suffix -men nur in bestimmten (später erläuterten) Ausnahmefällen benutzt.

3. Zur Bejahung bzw. Verneinung einer Aussage in einem Satz mit „shì"-Prädikat reichen in vielen Fällen die Formulierungen „shì" bzw. „bú shì" für „ja" bzw. „nein".

4. Der Begriff „chē" (Fahrzeug) kann alleinstehend je nach Zusammenhang alle Arten von Landfahrzeugen meinen. Hier bedeutet er „Auto".

5. Das Verneinungsadverb „bù" steht im Allgemeinen im vierten Ton. Folgt jedoch eine Silbe, die ebenfalls den vierten Ton trägt, wird „bù" im zweiten Ton ausgesprochen.
   bù dōu
   bù máng **aber:** bú shì
   bù hǎo

6. Um jemanden als Angehörigen einer Nationalität auszuweisen, schließt man an den Namen des Landes das Wort „rén" (Mensch) an.
   Beispiel: Zhōngguó (China) – Zhōngguó rén (Chinese)
   Bei Anhängen eines Substantivs wird „Zhōngguó" attributiv übersetzt.
   Beispiele: Zhōngguó péngyou (chinesischer Freund)
   Zhōngguó lǎoshī (chinesischer Lehrer)
   Letzteres nicht verwechseln mit
   Hànyǔ lǎoshī (Chinesischlehrer)!

7. Der Begriff „Hànyǔ" (chinesische Sprache) bedeutet wörtlich übersetzt „Sprache des Hàn-Volkes" und schließt alle chinesischen Dialekte ein. Dem Hàn-Volk gehören 94 Prozent aller Chinesen an.

8. In wenigen Einzelfällen weichen die in der VR China üblichen Silbenbetonungen von denen in Taiwan ab.
   Beispiel: **Fǎguó** (Frankreich) [VR China]
   Fàguó (Frankreich) [Taiwan]

Grammatik

1. Sätze mit „shì"-Prädikat

Nach dem Satz mit adjektivischem Prädikat (s. Lektion 2) lernen wir in dieser Lektion als zweiten Satz-Typus den Satz mit „shì"-Prädikat kennen:

Subjekt – shì – Prädikatsnomen

Beispiele:	Wǒ	shì	dàifu.	(Ich bin Arzt.)
	Tā	shì	wǒ māma.	(Sie ist meine Mutter.)
	Wǒmen	shì	péngyou.	(Wir sind Freunde.)

Das Hilfsverb „shì" wird durch ein Prädikatsnomen erweitert. Die Verneinung erfolgt durch ein vorangestelltes „bù".

Beispiel: Zhè **bú** shì wǒ de chē. (Das ist **nicht** mein Auto.)

2. *Die besitzanzeigende Partikel „de"*

Mit Hilfe der Partikel „de" läßt sich Besitz bzw. Zugehörigkeit ausdrücken. „de" folgt dem „Besitzer".

Beispiele: Zhè shì wǒ māma **de** chē.
(Das ist das Auto meiner Mutter.)

Folgt „de" einem Personalpronomen, entspricht die Kombination einem Possessivpronomen.

Beispiel: Nà shì tā **de** shū. (Das ist sein Buch.)

Also:			
	wǒ (ich)	–	wǒ de (mein)
	nǐ (du)	–	nǐ de (dein)
	tā (er, sie, es)	–	tā de (sein, ihr)
	wǒmen (wir)	–	wǒmen de (unser)
	nǐmen (ihr)	–	nǐmen de (euer)
	tāmen (sie)	–	tāmen de (ihr)

Wie in Lektion 2 erwähnt, bedarf das Personalpronomen nicht unbedingt eines „de", wenn es sich um Verwandtschaftsverhältnisse oder um persönliche Zugehörigkeit handelt. (Wǒ bàba, wǒ péngyou).

3. *Fragesätze mit Fragepronomen*

Nach dem Fragesatz mit Anhängung von „ma" besteht eine zweite Möglichkeit der Bildung von Fragesätzen – wie im Deutschen – im Gebrauch von Fragepronomen.

Beispiele: Tā shì **shéi**? (Wer ist er?)
Nǐ shì **nǎ** guó rén? (Welcher Nationalität bist du?)

Es ist wichtig zu beachten, dass sich im chinesischen Fragesatz – im Gegensatz zu den meisten deutschen Sätzen – die Wortstellung gegenüber dem Aussagesatz nicht ändert. Das Fragepronomen nimmt lediglich die Stelle des erfragten Satzteils ein.

Vergleiche:

Tā shì [Lìsā].	Sie ist [Lisa].
Tā shì [shéi]?	[Wer] ist sie?
[Tā] shì dàifu.	[Er] ist Arzt.
[Shéi] shì dàifu?	[Wer] ist Arzt?
Nà shì [wǒ] de shū.	Das ist [mein] Buch.
Nà shì [shéi] de shū?	[Wessen] Buch ist das?
Tā shì [Zhōng] guó rén.	Er ist [Chinese].
Tā shì [nǎ] guó rén?	[Welcher Nationalität] ist er?

Übungen

1. Lesen Sie in sauberen Tönen:

shī	shí	shǐ	shì	zhē	zhé	zhě	zhè
bā	bá	bǎ	bà	mā	má	mǎ	mà
pēng	péng	pěng	pèng	bū	bú	bǔ	bù
yōu	yóu	yǒu	yòu	shū	shú	shǔ	shù
dāi	…	…	…	nī	…	…	…
fu	…			yu	…		
lao	…			na	…		
han	…			guo	…		

péng	yǒu	mā	dài	Hànyǔ	nǎ guó
bà	fù	shì	lǎo	māma	lǎoshī
hàn	yǔ	zhōng guó		Zhōngguó	dàifu
nǎ	bù	shū	shéi	bú shì	péngyou

2. Ersetzen Sie die unterstrichenen Satzteile im Muster durch Vokabeln im Kasten:

a) Zhè shì wǒ māma. — [bàba, péngyou, gēge, dìdi]

b) Nà shì tā bàba de shū ma?
Nà shì tā bàba de shū. — [gēge, lǎoshī, péngyou, dìdi, māma]

c) Tā shì nǐ māma ma?
Tā bú shì wǒ māma.
Tā shì wǒ māma de péngyou. — [dìdi, bàba, gēge, péngyou]

3. Unterscheiden Sie lautlich:

pà – bà	tài – dài	chōng – zhōng
chè – zhè	rén – zhén	tè – dè
tà – dà	kuó – guó	báng – péng

4. Wandeln Sie die folgenden Sätze zu Fragen um, indem Sie die unterstrichenen Satzteile durch Fragepronomen ersetzen:

Tā shì wǒ bàba.	Tā shì wǒ de péngyou.
Nǐ shì Zhōngguó rén.	Zhè shì tā de gēge.
Nà shì tā māma de chē.	Tā shì Déguó rén.

5. Beantworten Sie folgende persönliche Fragen:

1. Nǐ hǎo ma?
2. Nǐ shì Hànsī ma? Nǐ shì shéi?
3. Nǐ shì Zhōngguó rén ma? Shì nǎ guó rén?
4. Nǐ shì lǎoshī ma?
5. Nǐ de lǎoshī shì Zhōngguó rén ma?
6. Nǐ de lǎoshī shì nǎ guó rén?
7. Nǐ bàba de chē shì Déguó chē ma?

6. Was sagen Sie, wenn

- Sie sich einem Unbekannten vorstellen wollen?
- Sie einen Freund nach dem Namen eines Unbekannten fragen wollen?
- Sie Ihren Gesprächspartner fragen wollen, ob er Lehrer sei?

- Sie nach der Nationalität Ihres Gegenübers fragen wollen?
- Sie von Ihrem Freund wissen wollen, ob dies das Auto seiner Mutter sei?
- Sie bestätigen, dass Sie auch Deutscher seien?
- Sie versichern, dass Ihr älterer und Ihr jüngerer Bruder beide Ärzte seien?

Lernen Sie auswendig:

Nǐ shì nǎ guó rén?
Wǒ shì Déguó rén.
Zhè shì nǐ de chē ma?
Zhè bú shì wǒ de chē,
zhè shì wǒ māma de chē.

Nǐ māma shì dàifu ma?
Tā bú shì dàifu, tā shì lǎoshī.
Tā shì Hànyǔ lǎoshī ma?
Bú shì. Tā shì Yīngyǔ lǎoshī.

Die Volksrepublik China

... ist mit einer Fläche von 9 560 980 km², eingeteilt in drei unmittelbar der Zentralregierung unterstehende Städte (Beijing, Shanghai, Tianjin), 22 Provinzen und 5 autonome Gebiete (Innere Mongolei, Ningxia, Guangxi, Xinjiang, Tibet), das größte Land in Ostasien und das drittgrößte der Welt. Der Bevölkerung nach ist China mit ca. 1,2 Millarden Menschen der größte Staat der Erde.

Seit dem 1. 10. 1949 ist es eine Volksrepublik unter der Führung der kommunistischen Partei. Die bis dahin amtierende Nationalregierung unter Chiang Kai-shek zog sich auf die Insel Taiwan zurück, von wo aus sie ihren Alleinvertretungsanspruch nach wie vor aufrechterhält, während die Volksrepublik ihrerseits Taiwan ihren 22 Provinzen als 23. hinzuzählt.

LEKTION 4 Besuch beim Lehrer; Landkarte von China

Text

1. *Hànsī:* Wáng Lǎoshī, nín hǎo!
Wáng: Nǐ hǎo, qǐng jìn!
Hànsī: Zhè shì wǒ péngyou Lìsā.
Wáng: Huānyíng, huānyíng.
Qǐng zuò!
Hànsī: Xièxie.
Wáng: Qǐng hē chá!
Lìsā: Xièxie.
Wáng: Bú kèqi. Nǐ chōu yān ma?
Lìsā: Wǒ bù chōu (yān).

2. *Hànsī:* Qǐng wèn! Zhè shì nǎ guó dìtú?
Wáng: Zhè shì Zhōngguó dìtú.
Nǐ kàn, zhè shì Běijīng, nà shì Shànghǎi.
Lìsā: Zhè shì Chángjiāng ma?
Wáng: Bú shì, zhè shì Huánghé, nà shì Chángjiāng.
Hànsī: Zhè shì shénme?
Wáng: Zhè shì Chángchéng.

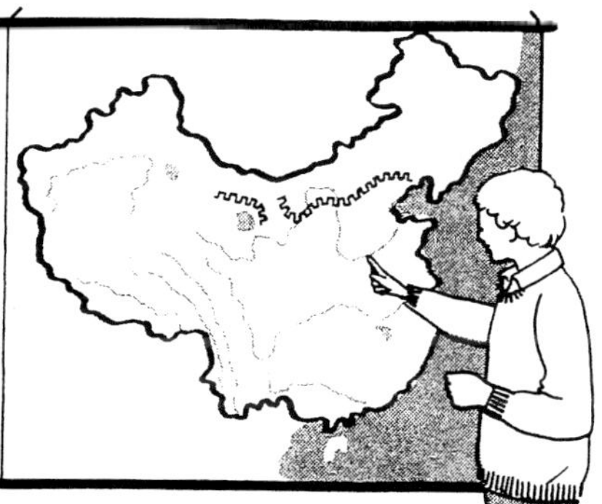

Lektion 4

Vokabeln zum Text	nín	höfliche Form von „nǐ"
	qǐng	Bitte!, bitten, einladen
	jìn	eintreten
	huānyíng	Willkommen!, willkommen heißen
	zuò	sich setzen, sitzen
	xièxie	Danke!, danken
	hē	trinken
	chá	Tee
	kèqi	höflich
	bú kèqi	(höflich:) Keine Ursache! Gern geschehen!
	chōu yān	rauchen
	wèn	fragen
	qǐng wèn	Darf ich Sie fragen, ...?, Entschuldigen Sie die Frage!, ...
	dìtú	Landkarte
	kàn	sehen, betrachten, lesen
	shénme	was?, welche/-r/-s?
Eigennamen	Wáng	Familienname
	Běijīng	Beijing (Peking)
	Shànghǎi	Shanghai
	Chángjiāng	Changjiang (Yangtze)-Fluß
	Huánghé	Huanghe (Gelber)-Fluß
	Chángchéng	Große Mauer
Weitere Vokabeln	kāfēi	Kaffee
	niúnǎi	Milch
	píjiǔ	Bier
	xiānsheng	Herr
	tàitai	Frau
	shìjiè	Welt
	Yàzhōu	Asien
	Ōuzhōu	Europa
	Fēizhōu	Afrika
	Měizhōu	Amerika

Anmerkungen

1. Im Unterschied zum Deutschen steht im Chinesischen der Familienname grundsätzlich vor der Anrede.

   Beispiele: Wáng Lǎoshī (Lehrer Wang)
   Lǐ Xiānsheng (Herr Li)
   Mǎ Tàitai (Frau Mǎ)

2. „Nín" als höfliche Form von „nǐ" wird weniger häufig benutzt als im Deutschen das „Sie" für „du". Es wird nicht als unhöflich aufgefasst, auch Nicht-Bekannte mit „nǐ" anzusprechen.
3. „Bú kèqi" (wörtlich: Seien Sie nicht höflich!) ist eine häufig gebrauchte höfliche Reaktion auf Danksagung und Entschuldigung.
4. „Qǐng wèn" ist die höfliche Formel, mit der man sich mit einer Frage an jemanden wendet.

Grammatik

1. *Der Fragesatz mit „shénme"*

Ein weiteres Fragepronomen ist „shénme". Es kann ein Objekt, ein Prädikatsnomen oder ein Attribut erfragen.

Beispiele: Nǐ hē **shénme**? (**Was** trinkst du?) → Objekt
Zhè shì **shénme**? (**Was** ist das?) → Prädikatsnomen
Nǐ kàn **shénme** shū? (**Welches** Buch liest du?) → Attribut

2. *Sätze mit Verbprädikat*

a) Neben den Sätzen mit adjektivischem Prädikat (Beispiel: „Tā hěn máng.") und „shì"-Prädikat (Beispiel: „Wǒ shì Déguó rén.") lernen wir nun als dritte Art die Sätze kennen, deren Prädikat aus einem Vollverb besteht.

Beispiele: Wǒ bàba **hē** chá. (Mein Vater trinkt Tee.)
Gēge **chōu** yān. (Der ältere Bruder raucht.)
Tā **wèn** wǒ. (Er fragt mich.)
Wǒ **kàn** shū. (Ich lese.)
Tāmen **huānyíng** wǒ. (Sie heißen mich willkommen.)

b) Die meisten Sätze mit Verbprädikat (s. obige Beispiele) führen ein Objekt bei sich. Der Satzbau entspricht – auch bei Verneinung und Frageform – dem Muster

	Subjekt	Prädikat	Objekt	
Beispiele:	Tā	hē	kāfēi.	
	Nǐ	hē	chá	ma?

c) Ein Verbprädikat wird für Gegenwart und Zukunft (nicht Vergangenheit!) durch Voranstellung von „bù" verneint. Dabei ist jedoch darauf zu achten, dass eine solche Verneinung grundsätzlichen oder gewohnheitsmäßigen Charakter im Sinne von „nicht wollen", „nicht werden" oder „niemals" besitzt.

Beispiele: Tāmen bù chōu yān. (Sie rauchen nicht, d. h.: Sie sind Nichtraucher.)
Wǒ bú zuò. (Ich setze mich nicht. d. h.: Ich will/werde mich nicht setzen.)

Übungen

1. Lesen Sie in den vier Tönen:

qīng	qíng	qǐng	qìng	cha	...
xiē	...	...	...	wen	...
he	...			zuo	...
huan	...			ying	...

2. Achten Sie beim Lesen auf wechselnde Tonhöhen:

nǐ hǎo	Měiguó rén	wǒ gēge
wǒ de dìtú	hěn hǎo	tāmen lǎoshī
nǎ guó rén	bú kèqi	bù chōu yān
wǒ de chē	nǐ dìdi	qǐng jìn

3. Unterscheiden Sie lautlich:

qǐng – jǐng	dú – tú	pí – bí
kuó – guó	zuò – cuò	shēng – shāng
qī – xī	zhàng – chàng	tài – dài
tì – dì	jìn – qìn	qiǔ – jiǔ

4. Ersetzen Sie die unterstrichenen Satzteile:

Wáng Lǎoshī huānyíng wǒ.	wǒ péngyou, Lǐ Tàitai, tā dìdi, Jīn Dàifu, nǐ bàba, Měiguó rén
Wǒ hē kāfēi.	niúnǎi, Zhōngguó chá, Déguó píjiǔ
Nǐ chōu yān ma? Xièxie, wǒ bù chōu (yān).	hē kāfēi, hē chá hē niúnǎi, hē píjiǔ

5. Beantworten Sie die Fragen zum Text:
   - Wáng Lǎoshī shì nǎ guó rén?
   - Tā huānyíng shéi?
   - Tā qǐng Lísā, Hànsī hē shénme?
   - Lìsā chōu yān ma?
   - Wáng Lǎoshī de dìtú shì shénme dìtú?

6. Übersetzen Sie ins Chinesische:
   - Das ist meine Freundin Lisa.
   - Wir trinken Tee, keinen Kaffee.
   - Welche Landkarte betrachtest du?
   - Dies ist Beijing, das Shanghai.
   - Sind Sie beschäftigt, Herr Ma?
   - Dein Freund ist sehr höflich.
   - Meine Eltern rauchen nicht.
   - Das ist eine Karte von Shanghai.

7. Was sagen Sie, wenn
   - Sie jemanden zum Eintreten auffordern wollen?
   - Sie jemanden willkommen heißen wollen?
   - Sie jemanden auffordern wollen, sich zu setzen?
   - Sie Ihren Freund vorstellen wollen?
   - Sie zum Tee einladen wollen?
   - Sie eine Einladung zum Rauchen ablehnen wollen?
   - Sie auf ein Dankeschön reagieren wollen?
   - Sie höflich fragen wollen?
   - Sie wissen wollen, ob die Landkarte vor Ihnen eine Karte von China ist?

Lernen Sie auswendig:

Wáng Lǎoshī, nín hǎo!
Nǐ hǎo, qǐng jìn!
Zhè shì wǒ péngyou Lìsā.
Huānyíng, huānyíng!
Qǐng zuò.
Xièxie.
Qǐng hē chá!
Xièxie.
Nǐ kàn, zhè shì Zhōngguó dìtú.
Zhè shì Běijīng, nà shì Chángchéng.

Etwas Geographie

Hauptstadt der Volksrepublik und ihr politisches, wirtschaftliches und kulturelles Zentrum ist Beijing, mit knapp 9 Millionen Einwohnern jedoch nicht die größte Stadt des Landes. Diesen Rang nimmt Shanghai mit ca. 12 Millionen Einwohnern ein. Die Hafenstadt ist auch das bedeutendste Industriezentrum Chinas.

Neben diesen beiden Riesenstädten existieren 14 weitere Millionenstädte und eine Anzahl von Großstädten. Als Besucher Chinas stellt man zu seiner Überraschung jedoch fest, dass selbst große Städte dort eher mittelstädtischen Charakter besitzen.

Unter der Vielzahl großer Flüsse sind ihrer Länge wegen vor allem der Changjiang (Yangtze-Fluss), d.h. Langer Fluss, und der Huanghe, d.h. Gelber Fluss, bemerkenswert. Der Changjiang ist mit 6300 km der längste Fluss Chinas und der drittlängste der Welt. Er ist die Hauptader der Binnenschifffahrt und mündet in der Nähe von Shanghai ins Ostchinesische Meer.

Der Huanghe ist nicht nur mit 5464 km der zweitgrößte Fluss Chinas, sondern er führt auch von allen Flüssen der Erde die größten Schlammmassen mit sich. Wegen der Fruchtbarkeit ist sein Flusstal zum Ursprungsort der chinesischen Geschichte und zur Wiege der chinesischen Zivilisation geworden. Doch steht sein Name nicht weniger für regelmäßige verheerende Überschwemmungen.

Auch das einzige von Menschenhand geschaffene Bauwerk, das vom Mond aus mit bloßen Augen erkennbar ist, befindet sich in China. Die Große Mauer (Chángchéng), eines der antiken Weltwunder, wurde in Nordchina zur Abwehr einfallender Mongolenstämme errichtet. Vor über 2000 Jahren erbaut und seitdem mehrmals erweitert, ist sie 2500 km lang. Mit allen Nebenwällen kommt sie jedoch auf über 6000 km, das sind mehr als 12000 Li. Deshalb wird die große Mauer auch „Zehntausend Li lange Mauer" genannt.

LEKTION 5

Gegenseitiges Kennenlernen; Erteilen einer Auskunft

Text

1. *Lìsā:* Qǐng wèn, nǐ shì Zhōngguó rén ma?
Měizhū: Shì, wǒ shì Zhōngguó liúxuéshēng.
Lìsā: Nǐ guì xìng?
Měizhū: Wǒ xìng Nìng, míngzi jiào Měizhū.
Lìsā: Wǒ jiào Lìsā, shì gāozhōng xuésheng.
Wǒ zài xuéxiào xuéxí Hànyǔ.

2. *Lìsā:* Qǐng wèn, Dōngmào zài ma?
Měizhū: Tā bú zài, qǐng zuò.
Lìsā: Xièxie. Tā zài nǎr?
Měizhū: Tā zài sùshè.
Lìsā: Tā zhù duōshao hào?
Měizhū: Sì lóu sì-èr-sān hào.
Lìsā: Xièxie nǐ.
Měizhū: Bú xiè.

Lektion 5

Vokabeln zum Text	liúxuéshēng	im Ausland Studierender
	xuésheng	Student, Schüler
	guì xìng	Wie heißen Sie mit Familiennamen?
	guì	teuer
	xìng	Familienname, mit Familiennamen heißen
	míngzi	Name, Rufname („Vorname")
	jiào	rufen, heißen, genannt werden
	gāozhōng	Oberstufe der Höheren Schule, Sekundarstufe II
	zài	(sich befinden) in, an, bei; anwesend sein
	xuéxiào	Schule
	xué xuéxí }	lernen, studieren
	nǎr	wo?, wohin?
	sùshè	Wohnheim
	zhù	wohnen
	duōshao	wieviel(e)?, hier: welche?
	duō	viel
	shǎo	wenig
	hào	Nummer
	sì	vier
	lóu	Stockwerk
	èr	zwei
	sān	drei
	bú xiè	(höflich:) Keine Ursache!
Eigennamen	Měizhū	weiblicher Rufname
	Dōngmào	männlicher Rufname
Weitere Vokabeln	yī	eins
	wǔ	fünf
	liù	sechs
	qī	sieben
	bā	acht
	jiǔ	neun
	shí	zehn
	líng	null
	zhōngxué	Höhere Schule, Gymnasium (eigentl.: Mittelschule)
	chūzhōng	Sekundarstufe I der Höheren Schule
	xiǎojiě	Fräulein

Anmerkungen

1. „Nǐ (nín) guì xìng" (Wie ist Ihr teurer Name?) ist die höfliche Form zur Erfragung des Familiennamens oder auch des ganzen Namens.

   Die entsprechende Antwort lautet: „Wǒ xìng …, (míngzi) jiào …"

   Um den Rufnamen zu erfahren, fragt man: „Nǐ jiào shénme míngzi?"

   Im Gegensatz zu europäischen Gepflogenheiten geht im Chinesischen der Familienname dem Rufnamen (**Vor**name ist hier wegen der Nachstellung eigentlich der falsche Begriff) voran.

Also:	Tā shì	Lìn	Dōngmào
		(Familien-name)	(Rufname/"Vorname")

Der Familienname ist in der Regel einsilbig, der „Rufname" meistens zweisilbig.

2. Bei der Zählung von Stockwerken wird im Chinesischen das Erdgeschoss (als 1. Stock) mit eingeschlossen.

3. Die Silbe „hào" (Nummer) wird stets der zugehörigen Zahl nachgestellt.

   Also: Wǒ zhù sān **hào**. (Ich wohne in Nummer 3.)

Grammatik

1. *Das Verbprädikat „zài"*

   Das Wort „zài" drückt die Anwesenheit in, an oder bei einem bestimmten Ort aus. Wenn „zài" als Vollverb fungiert, umfasst seine Bedeutung eine im Deutschen notwendige Kombination von (Hilfs-)Verb (Form von „sein" oder „sich befinden") und Präposition. Der Gebrauch von „shì" ist also fehl am Platz.

   Beispiel: Wǒ dìdi **zài** xuéxiào.
   (Mein kleiner Bruder **ist in** der Schule.)

2. *„zài" als Präposition*

   „zài" kann auch als Präposition in einer adverbialen Bestimmung (Orts- und Zeitangabe) benutzt werden. In diesem Fall gilt wie für alle adverbialen Bestimmungen, dass sie dem Prädikat vorausgehen (Ausnahme vgl. Gram. Lektion 10).

   Beispiel: Wǒ **zài xuéxiào** xuéxí Hànyǔ.
   (Ich lerne **in der Schule** Chinesisch.)

Übungen

1. Lesen Sie in den vier Tönen:

qīng	qíng	qǐng	qìng	gui	...
zhōng	....	....	....	xing	...
liu	....			jiao	...
xue	....			zai	...

2. Achten Sie auf wechselnde Tonhöhen:

qǐng wèn	sì lóu	nǐ guì xìng
wǒ shì	tā zài ma	zài nǎr
liúxúeshēng	duōshao hào	sì-èr-sān
xuéxiào	bú xiè wǒ	míngzi jiào

3. Unterscheiden Sie lautlich:

chōng – zhōng	qiào – jiào	qǐng – jǐng
liú – liáo	sù – shù	guì – kuì
bù – pù	shè – sè	céng – zéng
shè – shì	xí – xié	zuò – cuò

4. Ersetzen Sie die unterstrichenen Satzteile:

Nĭ shì Zhōngguó rén ma?
Shì, wŏ shì Zhōngguó rén.

liúxuéshēng, Mĕizhū, dàifu, Dōngmào, lǎoshī, Dīng Xiānsheng

Qĭng wèn, Mĕizhū zài ma?
Tā bú zài.
Tā zài nǎr?
Tā zài sùshè.

Wáng Xiǎojiĕ	–	Shànghǎi
Lín Lǎoshī	–	xuéxiào
Lĭ Dàifu	–	sān lóu
Dōngmào	–	Bĕijīng

Nĭ guì xìng?
Wŏ xìng Lĭ, jiào Zhāngwén.

Wáng Shùmín, Nìng Mĕizhū, Bái Mālì, Mǎ Zìyáng

Nĭ zhù nǎr?
Wŏ zhù sān lóu sān-sì-èr hào.

1 – 114	5 – 562
2 – 238	3 – 374
4 – 459	6 – 687

5. Beantworten Sie die Fragen zum Text:

- Mĕizhū shì nǎ guó rén?
- Tā shì lǎoshī ma?
- Tā xìng Wáng ma?
- Lìsā zài nǎr xuéxí Hànyŭ?
- Lìsā wèn shénme?
- Dōngmào zài ma?
- Tā zài nǎr?
- Dōngmào zhù duōshao hào?

6. Übersetzen Sie ins Chinesische:

- Ich bin ein im Ausland studierender deutscher Student.
- Mein großer Bruder lernt auf dem Gymnasium Englisch.
- Bitte setzen Sie sich, und trinken Sie Tee!
- Meine Freundin Meizhu wohnt im Wohnheim.
- Sie wohnt im fünften Stock Nummer 506.
- Ich bin Schüler der gymnasialen Oberstufe.
- Kannst du mir bitte sagen, wo mein Buch ist?

7. Beantworten Sie folgende persönliche Fragen:

- Nĭ shì Zhōngguó rén ma?
- Nĭ shì lǎoshī ma?
- Nĭ xuéxí Hànyŭ ma?
- Nĭ zài shénme xuéxiào xuéxí Hànyŭ?
- Nĭ yĕ xuéxí Yīngyŭ ma?
- Nĭ guì xìng?
- Nĭ jiào shénme míngzi?
- Nĭ shì gāozhōng xuésheng ma?

8. Was sagen Sie, wenn
   - Sie jemanden nach seinem Namen fragen wollen?
   - Sie sich selbst mit Namen vorstellen wollen?
   - Sie fragen wollen, ob Ihr Freund da ist?
   - Sie fragen wollen, in welchem Zimmer Lisa wohnt?
   - Sie höflich auf eine Danksagung reagieren wollen?

9. Spielen Sie mit Ihrem Sitznachbarn eine ähnliche Szene wie im Text:
   - Gegenseitige Vorstellung mit Namen und Tätigkeit
   - Frage nach einem Freund und seinem Zimmer

Lernen Sie auswendig:

a) Nĭ guì xìng?
Wŏ xìng Bái, míngzi jiào Ānnà.
Qĭng wèn, nĭ shì Déguó rén ma?
Shì. Wŏ shì Déguó gāozhōng xuésheng. Wŏ zài zhōngxué xuéxí Hànyŭ.
Nĭ de péngyou zài năr?
Tā zài sùshè.
Xièxie nĭ.
Bú xiè.

b) líng yī èr sān sì wŭ liù qī bā jiŭ shí

Die chinesischen Schriftzeichen

Eine der wichtigsten Voraussetzungen für die Entstehung eines politisch, wirtschaftlich und kulturell geeinten Chinas ist die Verbreitung der Schriftzeichen im ganzen Land. Das Schriftzeichen wurde und wird zwar je nach Sprachlandschaft unterschiedlich ausgesprochen, seine Bedeutung ist jedoch immer schon die gleiche gewesen.

Die frühesten Zeugnisse der chinesischen Schrift reichen bis in das 2. Jahrtausend v. Chr. zurück. Man fand sie auf Tierknochen und Schildkrötenschalen, die zu Orakelzwecken benutzt wurden, und auf kultischen Ton- und Bronzegefäßen.

Die Entwicklungsgeschichte der chinesischen Schrift verlief in vier Phasen, von den frühen Formen ziemlich konkreter Bildzeichen **(Piktogramme)** über die Darstellung auch abstrakter Begriffe **(Ideogramme)** und solcher Zeichen, die lediglich lautvermittelnd sind **(Phonogramme)**, bis hin zu den **Phonoideogrammen**, die eine Mischform aller nach wie vor nebeneinander existierenden Schreibformen darstellen. (Dazu Näheres in Teil B, Lektion 1.)

Im Laufe der Jahrhunderte entstand eine Sammlung von schätzungsweise 50000 Schriftzeichen, von denen allerdings heute nur 5000–8000 allgemein in Nutzung sind und ca. 3000 für den alltäglichen Gebrauch ausreichen.

LEKTION 6

Ausleihen eines Buches; Bekanntschaftsverhältnisse

Text

1. *Lìsā:* Měizhū, nǐ hǎo.
Měizhū: Nǐ hǎo.
Lìsā: Huán nǐ huàbào, xièxie.
Měizhū: Bú xiè.
Lìsā: Nà shì Hànyǔ cídiǎn ma?
Měizhū: Shì. Nǐ yòng ma? Wǒ xiànzài bú yòng. Kěyǐ jiè nǐ.
Lìsā: Wǒ yòng yíxià. Xièxie nǐ.
Měizhū: Bú kèqi.
Lìsā: Zàijiàn!
Měizhū: Zàijiàn!

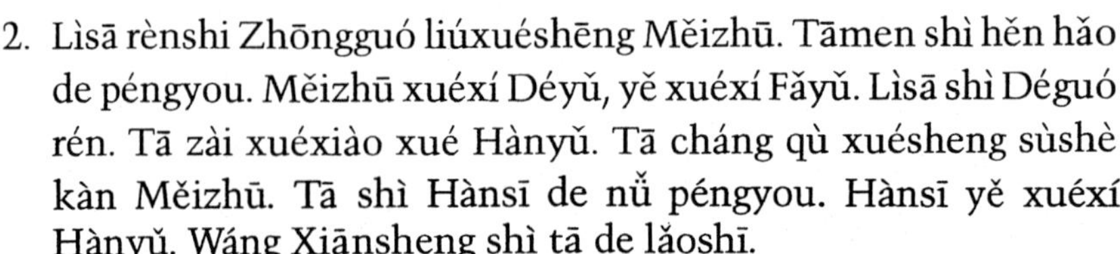

2. Lìsā rènshi Zhōngguó liúxuéshēng Měizhū. Tāmen shì hěn hǎo de péngyou. Měizhū xuéxí Déyǔ, yě xuéxí Fǎyǔ. Lìsā shì Déguó rén. Tā zài xuéxiào xué Hànyǔ. Tā cháng qù xuésheng sùshè kàn Měizhū. Tā shì Hànsī de nǚ péngyou. Hànsī yě xuéxí Hànyǔ. Wáng Xiānsheng shì tā de lǎoshī.

Vokabeln zum Text

huán	zurückgeben
huàbào	Illustrierte
cídiǎn	Wörterbuch
yòng	benutzen, brauchen
xiànzài	jetzt, nun, heutzutage
kěyǐ	können, möglich sein, dürfen
yíxià(r)	eine Weile, ein wenig, mal
jiè	leihen, verleihen
zàijiàn	Auf Wiedersehen!
rènshi	kennen, kennenlernen
Déyǔ	Deutsch
Fǎyǔ	Französisch
cháng(cháng)	oft
qù	gehen
nǚ (de)	weiblich

Weitere Vokabeln

bào	Zeitung
zázhì	Zeitschrift
běnzi	(Schul-)Heft
nán (de)	männlich

Anmerkungen

1. Ein Personalpronomen als Subjekt am Anfang eines Satzes kann fortfallen, wenn das Verständnis darunter nicht leidet.

   Beispiel: (**Wǒ**) Huán nǐ huàbào.

2. Die Kombination „qù (...) kàn" bedeutet „besuchen", „aufsuchen".

   Beispiele: Wǒ **qù** tā de sùshè **kàn** tā. (Ich **besuche** ihn/sie im Wohnheim.)
   Měizhū **qù kàn** Lìsā. (Meizhu **besucht** Lisa.)

3. Auf das Verb „qù" (gehen) kann ohne Präposition die Ortsangabe folgen.

   Beispiel: Wǒ **qù** sùshè. (Ich **gehe zum** Wohnheim.)

4. Der Begriff für die Sprache einer bestimmten Nation wird gebildet, indem an den Namen „yǔ" oder „wén" (Sprache) angehängt wird. Das Anhängsel „guó" (Land) bleibt, falls vorhanden, unberücksichtigt.

   Beispiel: Yīngguó (England) Yīng(-)yǔ (Englisch)

Übungen

1. Lesen Sie in den vier Tönen:

huān	huán	huǎn	huàn	xian	....
huā	....	....	....	ren	....
bao	....			dian	....
yong	....			nü	....

2. Lesen Sie flüssig, aber mit korrekten Tönen:

xuésheng sùshè	Hànyǔ cídiǎn
Zhōngguó dìtú	Dōngmào de nǚ péngyou
Yīngguó liúxuéshēng	Fǎyǔ lǎoshī
huán nǐ huàbào	wǒ yòng yíxiàr

3. Unterscheiden Sie lautlich:

bào – páo	cháng – cáng	chá – zá
sì – cì	shì – shè	běn – pěn
zài – cài	jiè – qiè	zì – cì
diǎn – tiǎn	tà – dà	qù – jù

4. Ersetzen Sie die unterstrichenen Satzteile:

Qǐng jìn!
Xièxie.
Bú kèqi.

zuò hē chá hē kāfēi

Huán nǐ huàbào.
Xièxie.
Bú xiè.

dìtú, bào, shū, běnzi, zázhì, Hànyǔ cídiǎn

Nǐ zài sùshè zhù duōshao hào?
Wǒ zhù sān lóu sān-sì-èr hào.

1 – 153	4 – 434
6 – 617	5 – 571
2 – 298	3 – 382

5. Beantworten Sie die Fragen zum Text:

- **Lìsā huán shénme?**
- **Shì shéi de huàbào?**
- **Shéi jiè Měizhū de cídiǎn?**
- Shì shénme cídiǎn?
- Měizhū xiànzài yòng tā de cídiǎn ma?
- Měizhū xuéxí shénme?
- Lìsā shì nǎ guó rén?
- Tā zài nǎr xuéxí Hànyǔ?
- Tā cháng qù kàn Měizhū ma?
- Hànsī shì shéi?
- Tā de lǎoshī xìng shénme?

6. Übersetzen Sie ins Chinesische:

- Ist das ein Englisch-Wörterbuch?
- Ich brauche mein Buch jetzt nicht.
- Dongmao leiht sich Lisas Illustrierte aus.
- Meizhu studiert auch Französisch.
- Dongmao kennt Hans' Freundin.
- Lisa lernt in der Schule Chinesisch.
- Sie sind sehr gute Freunde.
- Hans besucht seinen Lehrer oft.

7. Beantworten Sie folgende persönliche Fragen:

- Nǐ rènshi Zhōngguó rén ma?
- Nǐ de péngyou shì nǎ guó rén?
- Shì nǚ de ma?
- Nǐ cháng qù kàn nǐ de péngyou ma?

- Nǐ cháng kàn shū ma?
- Nǐ zài xuéxiào yě xué Fǎyǔ ma?
- Nǐmen de lǎoshī shì nǎ guó rén?

8. Was sagen Sie, wenn
   - Sie jemandem ein Buch zurückgeben wollen?
   - Sie einen Gegenstand momentan nicht brauchen?
   - Sie sich etwas mal eben ausleihen wollen?
   - Sie jemandem einen sehr guten Freund vorstellen wollen?
   - Sie sich verabschieden wollen?

9. Spielen Sie mit Ihrem Sitznachbarn eine ähnliche Szene wie im Text:
   - Begrüßung
   - Zurückgeben eines ausgeliehenen Gegenstandes (Buch, Illustrierte o.ä.)
   - Ausleihen eines anderen Gegenstandes
   - Dank und Verabschiedung

Lernen Sie auswendig:

Lìsā rènshi Zhōngguó liúxuéshēng Měizhū. Tā cháng qù kàn tā de péngyou. Měizhū xuéxí Yīngyǔ, yě xuéxí Fǎyǔ. Tā cháng yòng Yīngyǔ cídiǎn. Lìsā shì Hànsī de nǚ péngyou. Tā de lǎoshī xìng Wáng, shì Zhōngguó rén.

Vereinfachung der Schriftzeichen

Verständlicherweise besteht auch bei den Chinesen schon immer das Bedürfnis, den zeitlichen Aufwand beim Schreiben von Schriftzeichen und die großen Mühen bei deren Erlernen zu verringern.

So entwickelte sich eine Schriftvariante, die die einzelnen Striche zu einem Schriftzug zusammenzieht und auf diese Weise eine Art Kurzform der Zeichen entstehen lässt. Sie wird „Cǎoshū" genannt, was sehr frei als „Gras-Schrift" übersetzt wird.

Doch blieb das Standardzeichen als Vorlage unverändert erhalten. Schriftlichkeit war damit in China (vielmehr noch als in den Ländern mit Lautschrift) eine Domäne der kleinen Schicht von Gebildeten, die alle wichtigen Positionen im Land einnahmen. Ende der 50er Jahre wurde im Zuge der Bemühungen um die Bildung breiter Volksschichten in der Volksrepublik eine Schriftreform durchgeführt, die bis heute noch nicht vollständig abgeschlossen ist. Neben der Beschäftigung mit einem neuen Umschriftsystem lag der Schwerpunkt der Arbeit auf der Vereinfachung der aus vielen Einzelstrichen bestehenden Schriftzeichen.

Die Reduzierung der komplizierten Zeichen auf wenige Striche – bei der man sich in vielen Fällen an der sog. Gras-Schrift orientierte – bringt freilich nicht nur Erleichterungen beim Schreiben und Lesen mit sich, sondern kann beim Lernen und Erkennen der Zeichenbedeutung auch erschwerend wirken, wenn die Bildhaftigkeit dabei verloren geht. Außerhalb der Volksrepublik China (vor allem in Taiwan, das nach wie vor die traditionellen Zeichen bevorzugt) ist die Schriftform deshalb nicht auf ungeteilte Zustimmung gestoßen.

LEKTION 7 *Begegnung auf der Straße und Vorstellung*

Text

Hànsī:	Nǐ kàn, tā shì bu shì Zhōngguó rén?
Lìsā:	Shì, tā shì Zhōngguó rén.
Hànsī:	Nǐ rènshi bu rènshi tā?
Lìsā:	Wǒ rènshi tā.
Hànsī:	Tā jiào shénme míngzi?
Lìsā:	Tā jiào Měizhū.
	Wèi, Měizhū, nǐ qù nǎr?
Měizhū:	À! Shì nǐ, Lìsā. Wǒ qù shāngdiàn mǎi bǐ.

Lìsā:	Wǒmen yě qù shāngdiàn mǎi zhǐ.
	Lái, wǒ jièshào yíxià(r). Zhè shì wǒ de Zhōngguó péngyou Měizhū. Tā shì wǒ de nán péngyou –
Hànsī:	Wǒ jiào Hànsī. Nǐ hǎo!
Měizhū:	Nǐ hǎo! Nǐ yě shì gāozhōng xuésheng ma?
Hànsī:	Bú shì. Wǒ shì dàxuéshēng. Wǒ xuéxí Hànyǔ.
Měizhū:	Nàme, Lìsā hé nǐ dōu xué Hànyǔ.
Hànsī:	Duì le.
Lìsā:	Tā hěn ài shuō Hànyǔ.

Vokabeln zum Text

wèi	Hallo! (Ausruf)
à	Ah!, Oh! (Ausruf)
shāngdiàn	Geschäft, Laden
mǎi	kaufen
bǐ	Stift, Schreibgerät
zhǐ	Papier
lái	kommen
jièshào	vorstellen, bekannt machen
dàxué	Universität, Hochschule
nàme	also, folglich, dann, nun
hé	und, mit
duì	richtig
le	(Satz- bzw. Aspektpartikel; vgl. Lektion 10)
ài	lieben, sehr mögen
shuō	sprechen

Anmerkungen

1. Der Ausruf „wèi" (hallo) wird unter anderem beim Telefonieren gebraucht, dort aber häufig auch im zweiten – mehr fragenden – Ton ausgesprochen (wéi).
2. Der Ausdruck „wǒ jièshào yíxià(r)" (Ich darf vorstellen ...) ist eine übliche Formel, wenn Leute einander vorgestellt werden sollen.
3. Die Konjunktion „hé" (und) wird nur zur Verbindung von Substantiven, Pronomen oder Nominalformen, nicht aber zwischen Verben und selten zwischen ganzen Sätzen oder verbalen Ausdrücken verwendet.

   Richtig: Lìsā **hé** wǒ dōu xué Hànyǔ.
   Falsch: Lìsā mǎi shū, **hé** wǒ mǎi huàbào.

Grammatik

1. *Der Auswahl-Fragesatz*

Neben den Formen des Fragesatzes mit angehängtem „ma" und jenes mit Fragepronomen (shéi, shénme, nǎr) besteht im Chinesischen die Möglichkeit, durch das Nebeneinanderstellen von bejahter und verneinter Form des Prädikats eine Frage zu formulieren. Das gilt für das Verbprädikat ebenso wie für ein adjektivisches Prädikat.

Beispiele: Tā **shì bu shì** Zhōngguó rén?
(Ist sie Chinesin?)

Nǐ **rènshi bu rènshi** tā?
(Kennst du sie?)

Nǐ **máng bu máng**?
(Bist du beschäftigt?)

Merke: *Das Verneinungswort „bu" bleibt hier unbetont.*

2. *Mehrgliedriges Prädikat zum Ausdruck der Absicht*

Um im Chinesischen sinngemäß einen deutschen Finalsatz mit der Konjunktion „um" plus Infinitiv mit zu (..., um ... zu ...) auszudrücken, werden die Verben oder Verbalkonstruktionen wie Teile eines Prädikats ohne Verbindungswort aneinander gereiht. Häufig ist das erste Verb „qù" oder „lái".

Beispiele: Wǒ **qù huán** shū.
(Ich **gehe, um** das Buch **zurückzugeben**.)
Tā **qù** xuésheng sùshè **kàn** péngyou.
(Er **geht** ins Studentenwohnheim, **um** Freunde **zu besuchen**.)

Auch die im Deutschen verkürzte Finalkonstruktion ohne „um ... zu" wird im Chinesischen entsprechend gebildet.

Beispiele: Wǒ **qù mǎi** zhǐ.
(Ich **gehe** Papier **einkaufen**.)
Tā **lái kàn** nǐ.
(Er **kommt** dich **besuchen**.)

Merke: *Beim Sprechen wird zwischen den Satzteilen **keine Pause** gemacht.*

Übungen

1. Lesen Sie in den vier Tönen:

māi	mái	mǎi	mài	nan	...
bī	...	...	...	dui	...
zhi	...			shuo	...
lai	...			jie	...

2. Lesen Sie flüssig, aber mit korrekten Tönen:

mǎi bu mǎi	zài bu zài	huán bu huán
lái bu lái	hē bu hē	zuò bu zuò
shì bu shì	rènshi bu rènshi	yòng bu yòng
shuō bu shuō	qù bu qù	jièshào bu jièshào

3. Achten Sie beim Lesen auf die verschiedenen Töne von „bu":

bù shuō	bù chōu yān	bù huānyíng
bù lái	bú zuò	bú rènshi
bù mǎi	bù xuéxí	bù qǐng
bú qù	bú kàn	bú jièshào

Zur Erinnerung: *Vor Silben im 1., 2., 3. Ton steht „bu" im 4. Ton, vor Silben im 4. Ton steht es im 2. Ton.*

4. Unterscheiden Sie lautlich:

bǐ – pǐ	dà – tà	zhǐ – qǐ
duì – tuì	shuō – shōu	diàn – tiàn
lái – léi	jiè – qiè	mǎi – měi
hé – héi	wèi – wài	xià – jià

5. Bilden Sie Auswahlfragesätze:

Beispiel: hē chá Tā hē bu hē chá?

kàn shū	...	mǎi zhǐ	...
shuō Hànyǔ	...	yòng chē	...
xuéxí Yīngyǔ	...	shì lǎoshī	...
lái	...	huán shū	...
zài sùshè	...	shì nǐ de péngyou	...

6. Vervollständigen Sie folgende Sätze mit Hilfe der Liste:

Lìsā qù xuéxiào ...	kàn péngyou
Wǒ qù shāngdiàn ...	xuéxí Hànyǔ
Dōngmào lái xuésheng sùshè ...	mǎi bǐ
Tāmen qù Zhōngguó ...	huán shū
Měizhū zài Déguó ...	rènshi Lìsā

7. Beantworten Sie die Fragen zum Text:
   - Lìsā hé Hànsī kàn shéi?
   - Lìsā rènshi bu rènshi tā?
   - Měizhū qù nǎr?
   - Tā qù mǎi shénme?
   - Hànsī hé Lìsā qù nǎr?
   - Tāmen qù mǎi shénme?
   - Hànsī shì gāozhōng xuésheng ma?
   - Tā xuéxí shénme?

8. Übersetzen Sie ins Chinesische:
   - Kennst du Chinesen? Ich kenne auch Chinesen.
   - Ist er Deutscher? Richtig! Sie sind alle Deutsche.
   - Er geht ins Geschäft, um Bücher zu kaufen.
   - Gehst du Freunde besuchen? Ich auch!
   - Darf ich dir vorstellen? Das ist mein Lehrer.
   - Ich bin Schüler der gymnasialen Oberstufe.
   - Meine Freundin ist Hochschülerin, ich nicht.
   - Ich gehe mit Lisa Papier einkaufen.
   - Meizhu und Dongmao sind beide chinesische Studenten.
   - Ah, du bist das!
   - Ich lerne Englisch und mein Freund Französisch.

9. Beantworten Sie folgende persönliche Fragen:
   - Nǐ cháng shuō Hànyǔ ma?
   - Nǐ rènshi bu rènshi Zhōngguó rén?
   - Nǐ jiào shénme míngzi?
   - Nǐ qù nǎr mǎi bǐ?
   - Nǐ shì bu shì dàxuéshēng?
   - Nǐ shì nǎ guó rén?
   - Nǐ rènshi bu rènshi hěn duō Měiguó rén?
   - Nǐ cháng qù kàn péngyou ma?
   - Nǐ māma, bàba dōu shì dàifu ma?
   - Nǐ zài xuéxiào shuō Fǎyǔ ma?

10. Was sagen Sie, wenn
   - Sie jemanden nach seinem Weg fragen wollen?
   - Sie jemanden höflich nach einem Geschäft fragen wollen?
   - Sie jemanden fragen wollen, ob er Hochschüler sei?
   - Sie Personen gegenseitig vorstellen wollen?

- Sie sich selbst mit Namen vorstellen wollen?
- Sie den Telefonhörer abgehoben haben?

11. Spielen Sie mit Ihrem Sitznachbarn eine ähnliche Szene wie im Text:
   - Unterhaltung über einen vorbeigehenden ausländischen Bekannten
   - Ansprechen des Passanten und Gespräch über sein gegenwärtiges Vorhaben
   - Vorstellung der Personen und ihrer Tätigkeiten

Lernen Sie auswendig:

Tā shì bu shì Zhōngguó rén?
Shì. Tā jiào Měizhū. Wèi, Měizhū, nǐ qù nǎr?
À! Shì nǐ, Lìsā. Wǒ qù shāngdiàn mǎi bǐ.
Lái, wǒ jièshào yíxiàr. Zhè shì wǒ de nán péngyou Hànsī.
Tā shì dàxuéshēng. Tā xuéxí Hànyǔ.
Nàme, Hànsī hé nǐ dōu shuō Hànyǔ.
Duì le.

Die Umschriftsysteme

Von Seiten der Ausländer hat es schon von jeher Versuche gegeben, bei der Erlernung der chinesischen Sprache die Schriftzeichen zu umgehen und die gesprochene Silbe in lateinischer Schrift wiederzugeben. Es gibt mittlerweile eine große Zahl von Umschriftsystemen, von denen sich einige in den bisherigen uneinheitlichen Schreibweisen chinesischer Orts- und Personennamen widerspiegeln. Das bis in die neueste Zeit bekannteste und am weitesten verbreitete ist das nach seinen Erfindern benannte Wade-Giles-System. Die heute in der Volksrepublik China offizielle, international anerkannte und auch in diesem Buch verwendete Lautumschrift heißt „Hànyǔ pīnyīn".

Viele Jahrhunderte haben lateinische Buchstaben für die Chinesen keinerlei Rolle gespielt. Im Zuge der Internationalisierung aber hat die lateinische Umschrift als Mittel der besseren Verständigung erheblich an Bedeutung gewonnen und wird heute an allen chinesischen Schulen gelehrt. Völlig ersetzt werden können die Schriftzeichen durch die Buchstaben nicht – dazu eignet sich die Struktur einer Sprache nicht, die auf einer begrenzten Zahl von Silben basiert. Doch ist die Umschrift ihrerseits inzwischen für viele Zwecke (u. a. Sprachlernen, Namengebung und Computerwesen) nicht mehr wegzudenken.

Dass manche Laute mit Hilfe lateinischer Buchstaben nur unvollständig beschrieben werden können, ist ein Problem, das wir auch aus dem Erlernen anderer Fremdsprachen kennen. Zudem ist das Umschriftsystem ja international, und viele Buchstaben werden in verschiedenen Ländern unterschiedlich ausgesprochen. So kommt es etwa, dass die Aussprache der in der pinyin-Umschrift benutzten Konsonanten „x" und „q" im deutschsprachigen Raum völlig anders ist als die in der Lautumschrift beabsichtigte.

Familienverhältnisse

Text

Lìsā: Měizhū, wǒ wèn nǐ, nǐ xiǎng bu xiǎng jiā?

Měizhū: Xiǎng. Wǒ hěn xiǎng bàba, māma.

Lìsā: Nǐ fùmǔ zuò shénme gōngzuò?

Měizhū: Wǒ bàba shì gōngchéngshī. Wǒ māma shì jiātíng fùnǚ.

Lìsā: Nǐ yǒu méi yǒu mèimei?

Měizhū: Wǒ méi yǒu mèimei, wǒ yǒu jiějie.

Lìsā: Nǐ jiějie zài nǎr gōngzuò?

Měizhū: Tā zài yínháng gōngzuò, tā àiren zài shūdiàn gōngzuò.

Lìsā: Tāmen yǒu háizi ma?

Měizhū: Yǒu. Tāmen chángcháng gěi wǒ xiě xìn, wǒ yě chángcháng gěi tāmen xiě xìn.

Lìsā: Tāmen hǎo ma?

Měizhū: Tāmen dōu hěn hǎo. Wǒ gàosu jiějie: Nǐ shì wǒ de hǎo péngyou. Wǒ jiějie wèn nǐ hǎo.

Lìsā: Xièxie. Yě wèn tāmen hǎo.

Lektion 8

Vokabeln zum Text	xiǎng	denken (an), beabsichtigen (hier auch: vermissen)
	jiā	Familie, Zuhause
	fùmǔ	Eltern
	zuò	tun, machen
	gōngzuò	arbeiten, Arbeit
	gōngchéngshī	Ingenieur
	jiātíng fùnǚ (häufig auch: jiātíng zhǔfù)	Hausfrau
	yǒu	haben, es gibt
	méi	nicht (vgl. Gram.)
	mèimei	jüngere Schwester
	jiějie	ältere Schwester
	yínháng	Bank (Geldinstitut)
	àiren	Ehefrau, Ehemann (vgl. Anm.)
	shūdiàn	Buchhandlung
	háizi	Kind
	gěi	geben; an, für (vgl. Gram.)
	xiě	schreiben
	xìn	Brief
	gàosu	mitteilen, erzählen

Weitere Vokabeln	fùqin	Vater
	mǔqin	Mutter
	érzi	Sohn
	nǚ'ér	Tochter
	gōngsī	Firma
	zhíyuán	Angestellter
	gōngrén	Arbeiter

Anmerkungen

1. Das Wort „fùmǔ" (Eltern) setzt sich aus den Anfangssilben von „**fù**qin" (Vater) und „**mǔ**qin" (Mutter) zusammen.

2. „àiren (Ehemann, Ehefrau; aus „ài" (lieben) und „rén" (Mensch)) wird ausschließlich in der Volksrepublik China benutzt. In Taiwan und an anderen chinesischsprachigen Orten werden noch die traditionellen Bezeichnungen „tàitai" (Ehefrau) und „xiānsheng" (Ehemann) verwendet.

3. Die Silbe „cháng" (oft) wird in der Umgangssprache häufig zu „chángcháng" verdoppelt und in dieser Form gleichbedeutend gebraucht. Bei der Verneinung „bù cháng" (nicht oft) ist eine Verdoppelung nicht möglich.

4. Mit der Formel „... wèn ... hǎo" (etwa: fragen, ob es gutgeht) werden Grüße bestellt.

   Beispiele: Wǒ jiějie **wèn** nǐ **hǎo**.
   (Meine Schwester **lässt** dich **grüßen**.)
   Wǒ **wèn** tāmen **hǎo**. (Grüße sie bitte von mir!)
   Qǐng nǐ **wèn** tāmen **hǎo**. (Bestell ihnen Grüße von mir!)

Grammatik

1. *Sätze mit „yǒu"*

Eine Besonderheit der Sätze mit „yǒu" (haben) liegt in ihrer Verneinung, die nicht durch „bù" erfolgt, sondern durch „méi".

Beispiele: Wǒ **méi yǒu** Hànyǔ cídiǎn.
(Ich habe kein Chinesisch-Wörterbuch.)

Tā jiā **yǒu méi yǒu** chē?
(Hat seine Familie ein Auto?)

2. *Sätze mit Präpositionen*

Mit der Silbe **„zài"** haben wir bereits ein Wort kennengelernt, das sowohl als Vollverb (sich befinden in, an, bei) als auch präpositional (in, an, bei) verwendet werden kann.

Beispiele: a) Wǒ péngyou **zài** jiā.
(Mein Freund **ist zu** Hause.) → Vollverb

b) Wǒ péngyou **zài** xuéxiào xuéxí Hànyǔ.
(Mein Freund lernt **in** der Schule Chinesisch.) → Präposition

Zu dieser Sorte von Wörtern gehört auch **„gěi"**.
Als Vollverb ist es mit „geben" zu übersetzen.

Beispiel: Qǐng **gěi** wǒ cídiǎn!
(Bitte **gib** mir das Wörterbuch!) → Vollverb

Als Präposition kann es manchmal mit „für" übersetzt werden, wird im Deutschen jedoch häufiger durch den Dativ wiedergegeben.

Beispiele: Wǒ dìdi **gěi wǒ** mǎi shū.
(Mein Bruder kauft **für mich** ein Buch.
oder: Mein Bruder kauft **mir** ein Buch.)

Měizhū **gěi wǒ** jièshaò tā nán péngyou.
(Meizhu stellt **mir** ihren Freund vor.)

Übungen

1. Lesen Sie in den vier Tönen:

fū	fú	fǔ	fù	yin	...
gōng	...	...	...	zuo	...
jia	...			cheng	...
gao	...			shi	...

2. Achten Sie beim Lesen auf die unbetonte zweite Silbe:

a) bei Silbenverdoppelung

gēge	bàba	jiějie	mèimei
māma	dìdi	taìtai	xièxie

b) bei anderen Verbindungen

péngyou	tāmen	míngzi	xuésheng
běnzi	shénme	aìren	gàosu
rènshi	fùqin	érzi	dàifu
wǒmen	xiānsheng	háizi	kèqi

3. Lesen Sie mit sauberer Lautunterscheidung:

xiǎng jiā	xiǎojiě	xuéxí
qǐng jìn	xuésheng	zài jiā
jiějie	qǐng zuò	xiě xìn
Chángjiāng	zài sùshè	xìng Mǎ

4. Ersetzen Sie die unterstrichenen Satzteile:

Tā yǒu méi yǒu dìdi?
Tā méi yǒu dìdi.
Nà shì shéi?
Nà shì tā gēge.

jiějie	– mèimei
àiren	– péngyou
nán péngyou	– gēge
háizi	– jiějie de háizi

Tā māma zuò shénme gōngzuò?
Tā shì lǎoshī.
Tā zài nǎr gōngzuò?
Tā zài zhōngxué gōngzuò.

jiātíng fùnǚ	– jiā
zhíyuán	– yínháng
gōngchéngshī	– gōngsī
zhíyuán	– shāngdiàn

5. Bitten Sie Ihren Sitznachbarn um folgende Gegenstände:

bǐ	Zhōngguó dìtú	Yīngyǔ huàbào
zhǐ	Hànyǔ cídiǎn	Fǎyǔ shū

Ihr Sitznachbar antwortet jeweils:

Hǎo, wǒ gěi nǐ ... oder: Wǒ méi yǒu ...

6. Beantworten Sie die Fragen zum Text:

- Měizhū xiǎng bu xiǎng jiā?
- Tā hěn xiǎng shéi?
- Měizhū de māma zuò shénme gōngzuò?
- Měizhū de bàba shì dàifu ma?
- Tā yǒu méi yǒu mèimei?
- Tā jiějie de àiren zài nǎr gōngzuò?
- Měizhū de jiějie yǒu méi yǒu háizi?
- Měizhū chángcháng gěi tāmen xiě xìn ma?
- Měizhū gàosu tāmen tā zài Déguó yǒu hǎo péngyou ma?

7. Übersetzen Sie ins Chinesische:

- Meizhu denkt oft an ihre Eltern.
- Ihr Vater ist Ingenieur, ihre Mutter Hausfrau.
- Ich habe keine älteren Geschwister (Bruder, Schwester).
- Der Mann meiner Schwester arbeitet in einer Bank.
- Ihre Kinder lernen auf dem Gymnasium Englisch.
- Meine Eltern arbeiten in einem Buchladen.
- Sein jüngerer Bruder schreibt ihm oft.
- Ich teilte ihm mit, dass es seiner Mutter gutgeht.
- Ich soll Sie von meiner Frau grüßen.

8. Beantworten Sie folgende persönliche Fragen:
   - Nǐ bàba shì lǎoshī ma?
   - Nǐ māma shì jiātíng fùnǚ ma?
   - Nǐ yǒu méi yǒu jiějie, mèimei?
   - Nǐ yǒu àiren ma? Yǒu méi yǒu háizi? Yǒu érzi, yǒu nǚ'ér?
   - Nǐ chángcháng gěi péngyou xiě xìn ma?
   - Nǐ cháng qù shūdiàn mǎi shū ma?

9. Was sagen Sie, wenn
   - Sie jemanden nach seiner Arbeit fragen wollen?
   - Sie jemanden fragen wollen, ob er Geschwister hat?
   - Sie jemanden fragen wollen, wo sein Ehegatte arbeitet?
   - Sie jemanden nach seinen Kindern fragen wollen?
   - Sie jemanden nach einem Buchladen fragen wollen?
   - Sie jemanden mit Grüßen an seinen Ehegatten beauftragen wollen?

10. Spielen Sie mit Ihrem Sitznachbarn eine ähnliche Szene wie im Text:
   - Unterhaltung über Eltern, Geschwister, deren Tätigkeit und Kinder
   - Bemerkungen über Briefeschreiben
   - Ausrichten von Grüßen

Lernen Sie auswendig:

Wǒ wèn nǐ, nǐ xiǎng bu xiǎng jiā?
Wǒ hěn xiǎng bàba, māma.
Tāmen zuò shénme gōngzuò?
Wǒ bàba zài yínháng gōngzuò. Wǒ māma shì jiātíng fùnǚ.
Nǐ yǒu méi yǒu mèimei?
Wǒ méi yǒu mèimei; wǒ yǒu jiějie. Tā àiren shì gōngchéngshī.
Tāmen yǒu háizi. Wǒ chángcháng gěi tāmen xiě xìn.
Wèn tāmen hǎo.

Redewendungen im Unterricht

Qǐng gēn wǒ shuō!	Sprechen Sie mir nach!
Qǐng zài shuō yí biàn!	Sagen Sie es noch einmal!
Nǐ tīngdedǒng ma?	Verstehen Sie, was ich sage?
Wǒ tīngbudǒng.	Ich verstehe nicht, was Sie sagen.
Qǐng huídá!	Bitte antworten Sie!
Qǐng dǎkāi shū!	Bitte schlagen Sie Ihre Bücher auf!
Wǒmen jīntiān shàng dì ... kè.	Heute lernen wir die ... te Lektion.
Qǐng nǐmen gēn wǒ niàn!	Bitte lesen Sie mir nach!

LEKTION 9 — *Schule und Klasse; Meizhus Zimmer*

Text

1. *Lìsā:* Zhè shì wǒmen Zhōngwén bān.
Měizhū: Zhōngwén bān yǒu duōshao xuésheng?
Lìsā: Wǒmen bān yǒu shíwǔ ge xuésheng.
Měizhū: Nǐmen lǎoshī shì Zhōngguó rén ma?
Lìsā: Bú shì. Tā shì Déguó rén. Dànshì tā de Zhōngwén fēicháng hǎo.

Měizhū: Tā jiāo nǐmen kǒuyǔ hé Hànzì ma?
Lìsā: Duì le. Hái jiāo yǔfǎ.
Měizhū: Nǐmen xuéxiào yígòng yǒu duōshao xuésheng?
Lìsā: Yígòng yǒu liù bǎi èrshí ge xuésheng.
Měizhū: Yǒu duōshao (ge) lǎoshī?
Lìsā: Yǒu sānshíjǐ ge lǎoshī.
Měizhū: Nǐmen xuéxiào yǒu jǐ ge Yīngwén lǎoshī?
Lìsā: Wǒ xiǎng yǒu qī ge.

2. Zhè shì Měizhū de fángjiān. Lǐbiān yǒu yì zhāng chuáng, yì zhāng zhuōzi, liǎng bǎ yǐzi hé yí ge shūjià.

Zhuōzi shàng yǒu yí ge xīn táidēng hé sān běn Fǎwén shū. Zhè xiē shū dōu bú shì tā de. Lìsā cháng lái Měizhū zhèr. Tāmen hùxiāng xuéxí.

Vokabeln zum Text

Zhōngwén	chinesische Sprache, Chinesisch
bān	(Schul-)Klasse
ge (gè)	Zähleinheitswort* (allgemein)
dànshì	aber
fēicháng	sehr, außerordentlich
jiāo	lehren, unterrichten
kǒuyǔ	Umgangssprache
Hànzì	chinesische Schriftzeichen
zì	Schriftzeichen
hái	noch, außerdem
yǔfǎ	Grammatik
yígòng	zusammen, insgesamt
bǎi	hundert
jǐ	wieviele?, einige
Yīngwén	Englisch
fángjiān	Zimmer
lǐ(biān)	in, innen, innerhalb; Innenseite
zhāng	Zähleinheitswort (für flache Gegenstände wie Papier, Zeitungen, Tische, Betten u. ä.)
chuáng	Bett
zhuōzi	Tisch
liǎng	zwei (vor ZEW)
bǎ	Zähleinheitswort (für Stühle)
yǐzi	Stuhl
shūjià	Bücherregal
shàng(biān)	auf, über; Oberseite (vgl. Gram.)
xīn	neu
táidēng	Tischlampe
běn	Zähleinheitswort (für Bücher, Zeitschriften u. ä.)
Fǎwén	Französisch
xiē	ein wenig, einige (Zähleinheitswort)
zhèr	hier, hierher
hùxiāng	gegenseitig, voneinander.

Weitere Vokabeln

jiaòshì	Klassenzimmer
túshūguǎn	Bibliothek
Déwén	Deutsch
nàr	dort, dorthin

Anmerkungen

1. Die Begriffe „Zhōngwén" und „Hànyǔ" unterscheiden sich im umgangssprachlichen Gebrauch kaum. Im ursprünglichen Sinne bezieht sich „Zhōng**wén**" auf die geschriebene Sprache und Literatur des Han-Volkes, während „Hàn**yǔ**" das gesprochene Chinesisch meint.
   Entsprechendes gilt für „Yīngwén" und „Yīngyǔ", „Déwén" und „Déyǔ" usw.

* Zähleinheitswort = im Folgenden auch ZEW abgekürzt

2. „duōshao" und „jǐ", die beide „wieviele" bedeuten können, beziehen sich auf unterschiedlich große Mengen. In der Regel fragt man mit „jǐ" nach Mengen unter zehn, mit „duōshao" nach höheren Zahlen.
„Jǐ" kann im Gegensatz zu „duōshao" nicht ohne Zähleinheitswort stehen (s. Grammatik). Bei „duōshao" steht dessen Gebrauch frei.

Beispiele: Nǐ yǒu **jǐ** běn Zhōngwén shū?
(**Wieviele** chinesische Bücher hast du?)
Nǐmen xuéxiào yǒu **duōshao** (ge) xuésheng.
(**Wieviele** Schüler sind an eurer Schule?)

3. Das Verb „yǒu" ist häufig am besten mit „es gibt" oder „es befindet (-en) sich" zu übersetzen.

Beispiel: Wǒ de fángjiān **yǒu** sān zhāng zhuōzi.
(In meinem Zimmer **gibt es** (**befinden sich**) drei Tische.)

4. Das Zahlwort „yī" (eins) trägt ursprünglich den ersten Ton, der jedoch nur bei völlig alleinstehendem „yī" zum Tragen kommt. Ansonsten wechselt der Ton je nach Betonung der folgenden Silbe:

Folgt eine Silbe im 4. Ton oder eine im neutralen Ton (der ursprünglich ein 4. Ton war), so erhält „yī" den 2. Ton.

Beispiele: **yí**gòng
yí ge péngyou

Vor Silben mit anderen (1., 2., 3.) Tönen wird es im 4. Ton gesprochen.

Beispiele: **yì** zhāng zhuōzi
yì hú (Kanne) chá
yì běn shū

Grammatik

1. *Zählung*

a) Wie im Deutschen wird im Chinesischen zur Zählung das Dezimalsystem benutzt, und zwar in folgender Weise:

yī èr sān sì wǔ liù qī bā jiǔ shí	(1– 10)
shíyī shí'èr shísān … èrshí	(11– 20)
èrshíyī èrshí'èr èrshísān … sānshí	(21– 30)
sānshíyī … yì bǎi	(31–100)
yì bǎi líng yī yì bǎi líng èr … yì bǎi yìshí	(101–110)
yì bǎi yìshíyī yì bǎi yìshí'èr … jiǔ bǎi jiǔshíjiǔ	(111–999)

b) Am Anfang einer Zahl wird die Ziffer „2" meist als „liǎng", seltener als „èr" ausgesprochen, wenn eine Einheitsbezeichnung (z. B. „bǎi" (hundert)) folgt, die als Zähleinheitswort gilt (vgl. unten 2.b).

c) Kann eine größere Zahl nicht genau bestimmt werden, hängt man anstelle der kleinsten Einheit unter zehn ein „jǐ" an oder stellt ein „duō" nach.

Beispiele: Wǒmen bān yǒu èrshí**jǐ** ge xuésheng.
(Unsere Klasse besteht aus **über** zwanzig (= zwanzig und einigen Schülern.)
Wǒmen xuéxiào yǒu sānshí **duō** ge lǎoshī.
(Unsere Schule hat **über** dreißig Lehrer.)

2. *Die Zähleinheitswörter*

a) Wird ein **Zahlwort** im Chinesischen **attributiv** gebraucht, so muss ihm ein sog. **Zähleinheitswort** beigegeben werden.

Beispiele: sān **ge** lǎoshī (drei Lehrer)
yì **běn** shū (ein Buch)
sì **zhāng** zhuōzi (vier Tische)

(Vergleiche im Deutschen: Ein **Stück** Kreide, hundert **Blatt** Papier, zwei **Scheiben** Brot)

Die Wahl des Zähleinheitswortes (im Folgenden kurz ZEW) hängt vom Gegenstand ab, den das jeweilige Substantiv bezeichnet:

ge (gè) – ist das am häufigsten verwendete ZEW; wird bei Personen, abstrakten Begriffen und allen anderen Gegenständen gebraucht, die kein spezielles ZEW verlangen. Fällt Ihnen das passende ZEW einmal nicht ein, oder sind Sie im Zweifel, können Sie auf „ge" zurückgreifen, ohne damit in allen Fällen stilistisch sauber zu sprechen.

běn – entspricht in etwa dem deutschen „Band" und wird bei Büchern, Zeitschriften u. ä. verwendet.

zhāng – findet bei vielen flachen Gegenständen wie Papier, Tisch, Bett, Bild u. ä. Verwendung.

Neben diesen drei Beispielen gibt es eine Reihe anderer ZEW, die sinnvollerweise immer zusammen mit den Substantiven gelernt werden sollten, die nach ihnen verlangen.

b) ZEW werden nicht nur in Verbindung mit Zahlwörtern gebraucht, sondern sind auch erforderlich bei den attributiv verwendeten

Demonstrativpronomen	**zhè**	*Beispiel:*	**zhè ge** rén (diese Person)
und	**nà**	*Beispiel:*	**nà běn** shū (jenes Buch)
sowie dem Fragepronomen	**jǐ**	*Beispiel:*	Nǐ de fángjiān yǒu **jǐ zhāng** zhuōzi? (Wieviele Tische befinden sich in deinem Zimmer?)

Nicht notwendig, aber möglich ist das ZEW beim

Fragepronomen	**duōshao**	*Beispiel:*	Nǐmen bān yǒu duō**shao** (**ge**) xuésheng? (Wieviele Schüler sind in eurer Klasse?)

c) Wenn eine nicht genau bestimmte Anzahl angesprochen wird, folgt den Demonstrativpronomen „zhè" und „nà" das allgemeine ZEW „xiē".

Beispiele: zhè **xiē** xuésheng (diese Schüler)
nà **xiē** shū (jene Bücher)

d) Folgt dem **Zahlwort „zwei"** ein ZEW, so ist es nicht mit „èr", sondern mit **„liǎng"** wiederzugeben.

Beispiel: Wǒ yǒu **liǎng** běn Zhōngwén cídiǎn.
(Ich habe **zwei** chinesische Wörterbücher.)

Inmitten und am Ende mehrstelliger Zahlen und in Ordnungszahlen („der zweite") steht dagegen immer „èr".

Beispiel: shí'**èr** ge xuésheng

3. *Sätze mit zwei Objekten*

Einige wenige Verben können im Chinesischen von zwei Objekten, einem indirekten Objekt (Person) und einem direkten Objekt (Sache), gefolgt werden.

Beispiele: Wáng Lǎoshī jiāo **wǒmen yǔfǎ.**
(Lehrer Wang lehrt uns **Grammatik.**)
Wǒ péngyou jiè **wǒ** yì **běn shū**.
(Mein Freund leiht **mir ein Buch**.)

Weiterhin sind dies die Verben „sòng" (geben, schenken), „gěi" (geben), „huán" (zurückgeben), „wèn" (fragen) und „gàosu" (mitteilen, erzählen).

4. *Ortsangaben mit Positionswörtern*

Will man im Chinesischen eine genaue Ortsangabe machen, so wird anders als im Deutschen, wo eine entsprechende Präposition dem Beziehungswort vorausgeschickt wird (**auf** dem Tisch), ein sog. Positionswort dem Substantiv nachgestellt.

Beispiel: Zhuōzi **shàng** yǒu yí ge táidēng.
(**Auf** dem Tisch steht eine Tischlampe.)

In unserem Beispiel handelt es sich um eine häufig benutzte Kurzform von „shàngbiān" (auf, über; Oberseite). Auch „lǐ" statt „lǐbiān" gehört zu diesen oft gebrauchten Kurzformen.

Beispiel: Jiàoshì **lǐ(biān)** xiànzài méi yǒu xuésheng.
(**Im** Klassenzimmer befinden sich jetzt keine Schüler.)

5. *„Zhèr" und „nàr" bei personalen Ortsangaben*

Besteht eine Ortsangabe aus einer Personenbezeichnung (Name, Substantiv oder Pronomen), müssen stets „zhèr" oder „nàr" nachgestellt werden.

Beispiele: Lìsā cháng lái Měizhū **zhèr**.
(Lisa kommt oft zu Meizhu.)
Tā qù Zhōngguó péngyou **nàr**.
(Er geht zu seinem chinesischen Freund.)

Übungen

1. Setzen Sie in die vier Töne:

zhōng	zhóng	zhǒng	zhòng	ying	...
bān	...	...	...	jian	...
jiao	...	...	...	jia	...
gong	...			xiang	...

2. Unterscheiden Sie lautlich:

jiàn – jiàng	chuáng – zhuáng	jǐ – chǐ
dǒng – děng	zì – sì	hù – wù
jiāng – zhāng	jīn – xīn	yī – jī
zhōng – chōng	shàng – zhàng	yù – jù

3. Ersetzen Sie die unterstrichenen Zahlenangaben:

Nĭmen Zhōngwén bān yǒu duōshao xuésheng? Wǒmen Zhōngwén bān yǒu <u>shíbā</u> ge xuésheng.	15, 22 19, 27
Nĭmen xuéxiào yǒu duōshao lǎoshī? Wǒmen xuéxiào yǒu <u>èrshísān</u> ge lǎoshī.	32, 40 28, 38
Nĭ jiā yǒu jĭ ge rén? Wǒ jiā yǒu <u>sì</u> ge rén.	7, 2 6, 5
Nĭmen xuéxiào de túshūguǎn yǒu duōshao Yīngwén shū? Wǒmen xuéxiào de túshūguǎn yǒu <u>sān bǎi liùshíjiǔ</u> běn Yīngwén shū.	98, 112 517, 894 636, 785
Nĭmen de jiàoshì lĭ yǒu jĭ zhāng zhuōzi? Wǒmen de jiàoshì lĭ yǒu <u>bā</u> zhāng zhuōzi.	6, 9 11, 13

4. Ersetzen Sie die unterstrichenen Objekte:

Wáng Lǎoshī jiāo <u>wǒmen</u> <u>Hànyǔ</u>.	tāmen – Hànzì wǒ – yǔfǎ xuésheng – kǒuyǔ tā – Déwén
Nĭ huán tā shénme? Wǒ huán tā <u>bào</u>.	bĭ, shū, zázhì, huàbào, Fǎwén cídiǎn
<u>Zhuōzi</u> shàng yǒu yì běn Zhōngwén shū.	yĭzi, chuáng, shūjià, dìtú

5. Setzen Sie die passenden ZEW ein:

Zhè shì yí ... Zhōngguó rén.
Tā shì wǒ de yí ... péngyou.
Nà ... zázhì shì wǒ de.
Wǒ yǒu liǎng ... háizi.
Tā mèimei zài yí ... yínháng gōngzuò.
Nĭ yǒu jĭ ... Zhōngwén cídiǎn?
Zhè ... chuáng shì wǒ mèimei de.
Tā de fángjiān yǒu sān ... yĭzi.
Wǒ xiǎng mǎi yì bǎi ... zhĭ.

6. Beantworten Sie die Fragen zum Text:

- Lìsā gěi Měizhū jièshào shénme?
- Tāmen Zhōngwén lǎoshī shì nǎ guó rén?
- Tā de Zhōngwén hǎo bu hǎo?

- Lǎoshī jiāo tāmen shénme?
- Tāmen xuéxiào yǒu duōshao xuésheng?
- Yīngwén lǎoshī duō bu duō?
- Měizhū de fángjiān yǒu jǐ bǎ yǐzi, jǐ ge shūjià?
- Tā de táidēng xīn bu xīn?

7. Übersetzen Sie ins Chinesische:
   - In seinem Zimmer stehen ein Bett, ein Tisch, vier Stühle und ein Bücherregal.
   - Sein Deutsch ist außerordentlich gut.
   - Wieviele chinesische Wörterbücher hast du?
   - In ihrem Wohnheim gibt es 248 Zimmer.
   - Lehrer Wang lehrt uns chinesische Umgangssprache und Grammatik.
   - Wir lernen viel voneinander.
   - Wir sind insgesamt 537 Schüler.
   - Ich lese außerdem französische Zeitungen.
   - An unserer Schule gibt es sehr viele Schüler, aber in unserer Klasse sehr wenige.

8. Beantworten Sie folgende persönliche Fragen:
   - Nǐ de Zhōngwén bān yǒu duōshao xuésheng?
   - Zhōngwén lǎoshī yě jiāo nǐmen Hànzì ma?
   - Nǐmen Zhōngwén lǎoshī shì bu shì Zhōngguó rén?
   - Nǐmen xuéxiào yígòng yǒu duōshao xuésheng?
   - Nǐmen bān yǒu jǐ ge lǎoshī?
   - Nǐ de fángjiān lǐ yǒu jǐ zhāng zhuōzi, jǐ bǎ yǐzi?
   - Nǐ de shūjià shàng yǒu hěn duō shū ma?

9. Stellen Sie in zusammenhängender Beschreibung vor:
   a) nǐmen de Zhōngwén bān
   b) nǐmen de xuéxiào
   c) nǐ de fángjiān

Lernen Sie auswendig:

Nǐmen Zhōngwén bān yǒu duōshao xuésheng?
Yǒu shísān ge xuésheng.

Lǎoshī jiāo nǐmen shénme?
Tā jiāo wǒmen kǒuyǔ hé yǔfǎ. Hái jiāo wǒmen Hànzì.

Nǐmen xuéxiào yígòng yǒu duōshao ge lǎoshī?
Fēicháng duō. Yǒu qīshí duō ge.

Chinesische Redensarten und Sprichwörter

Ähnlich wie im Deutschen lassen sich im Chinesischen „Redensarten" und „Sprichwörter" unterscheiden. Die Fähigkeit zu ihrem Gebrauch weist den Sprecher als in der Sprache bewandert aus. Das gilt im Chinesischen noch stärker als im Deutschen, vor allem was die „Chéngyǔ" angeht, literarische Redewendungen, deren Herkunft in Geschichte und Geschichten, Tradition und Literatur liegt. Die „Chéngyǔ" bestehen überwiegend aus vier Schriftzeichen (bzw. Silben) und besitzen in der Regel ernsten lehrhaften Charakter.

Die „Súyǔ" (Sprichwörter) sind dagegen von der Silbenzahl her ungebunden und häufig nicht todernst gemeint.

Redensarten (Chengyu):

1. jǐng dǐ zhī wā

   wörtlich: tief im Brunnen sitzender Frosch
   sinngemäß: die Perspektive eines Frosches haben; engstirnig sein

2. wǔ shí bù xiào bǎi bù (Mengzi)

   wörtlich: Der mit fünfzig Schritten lacht über jenen mit hundert Schritten (literarische Situation, in der ein Mann – selbst seit 50 Schritten auf der Flucht – einen anderen verspottet, der schon 100 Schritte geflüchtet ist)
   sinngemäß: Wer im Glashaus sitzt, soll nicht mit Steinen werfen.

Sprichwörter (Suyu):

1. jiā jiā yǒu běn nán niàn de jīng

   wörtlich: Jede Familie hat ein schwer zu lesendes Buch.
   sinngemäß: Jeder hat sein Päckchen zu tragen.

2. shuō Cáo Cáo*, Cáo Cáo jiù dào

   wörtlich: Spricht man von Cao Cao, ist er schon da.
   sinngemäß: Wenn man vom Teufel spricht, dann kommt er.

* gefürchteter Militärdiktator am Ende der Han-Zeit (206 v. Chr. bis 220 n. Chr.)

LEKTION 10

Uhrzeit I;
Verabredung zum Kinobesuch;
Gespräch über Geschwister

Text

1. *Hànsī:* Lìsā, wǒmen jīntiān wǎnshang qù kàn diànyǐng, hǎo bu hǎo? Wǒ yǐjīng mǎile liǎng zhāng piào.
Lìsā: Tài hǎo le. Wǒmen cóng nǎr qù?

Hànsī: Cóng nǐ jiā qù.
Lìsā: Wǒmen jǐ diǎn qù?
Hànsī: Diànyǐng qī diǎn bàn kāishǐ. Wǒmen qī diǎn chūfā, chàbuduō qī diǎn yí kè jiù kěyǐ dào diànyǐngyuàn le.
Lìsā: Hǎo de. Qī diǎn jiàn.

2. *Měizhū:* Nǐmen jiā yǒu jǐ ge rén?
Lìsā: Wǒmen jiā yǒu wǔ ge rén: māma, bàba, gēge, dìdi hé wǒ.
Měizhū: Nǐ gēge, dìdi jǐ suì?
Lìsā: Gēge èrshísì suì, dìdi shíwǔ suì.
Měizhū: Gēge shì xuésheng ma?
Lìsā: Duì le. Tā shì dàxuéshēng. Dìdi shì zhōngxuéshēng. Wǒ jīntiān wǎnshang qǐng nǐ lái wǒmen jiā. Wǒ jiù gěi nǐ jièshào tāmen. Hǎo bu hǎo?
Měizhū: Hěn hǎo. Xièxie.

Vokabeln zum Text	jīntiān	heute	chàbuduō	ungefähr, fast
	wǎnshang	Abend	kè	Viertel(stunde) (ZEW)
	diànyǐng	Kino, Film	jiù	dann, (schon)
	yǐjīng	schon	dào	nach (Richtung), bis; ankommen, gelangen nach
	piào	Karte		
	tài	sehr, zu		
	cóng	von	diànyǐngyuàn	Kino(gebäude)
	diǎn (zhōng)	Uhr(zeit) (ZEW)	hǎo de	In Ordnung! Gut!
	bàn	halb, Hälfte	jiàn	(sich) sehen
	kāishǐ	beginnen	suì	Lebensalter in Jahren (ZEW)
	chūfā	losgehen, aufbrechen, sich auf den Weg machen		
Weitere Vokabeln	chà	fehlen	zǒu	(zu Fuß) gehen, weggehen
	zǎoshang	Morgen, morgens		

Anmerkungen

1. „hǎo bu hǎo" (Einverstanden?) ist eine gängige Redewendung, mit der suggestiv die Zustimmung des Gegenüber erfragt wird.
2. Das Wort „tài" kann sowohl „sehr" als auch „zu" bedeuten.

   Beispiele: **Tài** hǎo le.
   (**Sehr** gut)

   Wǒ de Zhōngwén bú **tài** hǎo.
   (Mein Chinesisch ist nicht **sehr** gut.)

   Wǒ bú qù. Wǒ jīntiān **tài** máng.
   (Ich gehe nicht hin. Ich habe heute **zu** viel zu tun.)
3. Wörtlich übersetzt bedeutet „chàbuduō" „Es fehlt nicht viel". Der Ausdruck ist auch als Höflichkeitsfloskel sehr verbreitet, wenn eine klare Verneinung oder Kritik vermieden werden soll.
4. „hǎo de" ist eine von vielen im Chinesischen gebräuchlichen Redewendungen, die Zustimmung ausdrücken.
5. Als allgemeinen Gruß der Verabschiedung haben wir „zàijiàn" (auf Wiedersehen) gelernt. Sie können sich auch mit Bezug auf eine bestimmte Zeit verabschieden, zu der Sie sich wiedersehen wollen. Dazu verbinden Sie den entsprechenden Zeitpunkt mit jiàn (sehen).

   Beispiele: Jīntiān wǎnshang jiàn.
   (Bis heute Abend.)

   Bā diǎn jiàn.
   (Bis um acht.)
6. Nur jüngere Menschen, vor allem Kinder, werden mit „jǐ suì?" nach ihrem Alter gefragt. Bei Erwachsenen lautet die entsprechende Frage „duō dà?" (wie alt?).

Grammatik

1. *Satzstellung von Orts- und Zeitangaben*

   Bisher haben wir lediglich Ortsangaben in einfachen Satzformen kennengelernt, bei denen das Verb der adverbialen Bestimmung vorausgehen kann.

   Beispiel: Wǒ **qù shāngdiàn** mǎi zhǐ.
   (Ich **gehe in ein Geschäft**, um Papier zu kaufen.)

Öfters erfordern Ortsangaben jedoch Präpositionen. Beachten Sie, dass in diesen Fällen das Verb anders als im Deutschen grundsätzlich der adverbialen Bestimmung folgt:

Subjekt – Adverbiale – Verb

Beispiele: Wǒmen **cóng nǐ jiā** qù.
(Wir gehen **von dir zuhause** los.)
Tā jiějie **zài yínháng** gōngzuò.
(Seine ältere Schwester arbeitet **in einer Bank**.)

Eine Ausnahme von dieser Regel liegt nur dann vor, wenn „zài" einem Verb folgt, das das Verweilen an einem bestimmten Ort ausdrückt.

Beispiele: Tā **zuò zài zhèr** kàn shū.
(Er **sitzt hier** und liest.)
Tā **zhù zài** Běijīng.
(Sie **wohnt in** Beijing.)

Auch das Adverbiale der Zeit geht stets dem Verb voran oder steht sogar vor dem Subjekt am Satzanfang.

Beispiele: Wǒmen **jīntiān wǎnshang** qù kàn diànyǐng.
oder: **Jīntiān wǎnshang** wǒmen qù kàn diànyǐng.
(Wir gehen **heute Abend** ins Kino.)
Wǒ **yǐjīng** mǎile liǎng zhāng piào.
(Ich habe **schon** zwei Karten gekauft.)
Wǒmen **qī diǎn** jiàn.
(Wir treffen uns **um sieben Uhr**.)
Xiànzài wǒ qù mǎi bǐ.
(Ich gehe **jetzt** einen Stift kaufen.)

Treffen Orts- und Zeitangabe im Satz aufeinander, so geht die Zeitangabe voran.

Beispiele: Wǒ jiějie **xiànzài zài yínháng** gōngzuò.
(Meine ältere Schwester arbeitet **jetzt in einer Bank**.)
Tā **wǎnshang cóng diànyǐngyuàn** lái.
(Er kommt **am Abend aus dem Kino**.)

2. *„le" als Aspektsuffix und Satzpartikel*

Im Gegensatz zum Deutschen lassen sich zeitliche Verhältnisse im Chinesischen nicht durch Beugung des Verbs (Konjugation) ausdrücken. Außer durch Zeitadverbialien können zeitliche Zusammenhänge und Veränderungen auch durch sogenannte Aspektsuffixe und Satzpartikel deutlich gemacht werden. Eine davon ist die Silbe „le", deren unterschiedlicher Gebrauch zu den schwierigsten Kapiteln der chinesischen Grammatik gehört. Da sie aber auch in unseren Texten immer wieder auftaucht, sei ihre Funktion in einigen Grundzügen erklärt:

a) Als **Aspektsuffix** schließt sich „le" (in der Umschrift als Nachsilbe) direkt an das Verb an und bringt (unabhängig davon, ob sich der Vorgang in der Vergangenheit, Gegenwart oder Zukunft abspielt) zum Ausdruck, dass die im Verb beschriebene Handlung vollendet ist.

Beispiele: Wǒ yǐjīng mǎi**le** liǎng zhāng piào.
(Ich habe schon zwei Karten gekauft.)

Wǒmen kàn**le** diànyǐng, jiù qù kàn péngyou.
(Wir schauen uns einen Film an und besuchen dann einen Freund. Oder: Nachdem wir uns einen Film angeschaut haben, werden wir einen Freund besuchen.)

b) Als **Satzpartikel** steht „le" am Ende des Satzes und drückt aus, dass
- der im ganzen Satz beschriebene Vorgang in der Vergangenheit bereits stattgefunden hat (häufig mit Zeitangabe).

Beispiele: Wǒ jīntiān zǎoshang qù kàn dàifu **le.**
(Ich habe heute Morgen den Arzt aufgesucht.)

Nǐ wǎnshang qù nǎr **le**?
(Wo warst du am Abend?)

- oder unabhängig von der Zeitstufe eine Situationsveränderung eingetreten ist oder eintreten wird.

Beispiele: Tā yǒu dìdi **le**.
(Er hat einen Bruder bekommen.)

Tā bù chōu yān **le**.
(Er raucht nicht mehr.)

Wǒmen zǒu **le.**
(Gehen wir.)

c) In manchen Sätzen kann „le" auch als Artikelsuffix **und** Satzpartikel auftreten.

Beispiel: Tā yǐjīng xiě**le** xìn **le**.
(Sie hat die Briefe schon geschrieben.)

d) In verneinten Sätzen fällt „le" fort, wenn von Vergangenem die Rede ist. Die Vermittlung des Vollendungsaspekts wird in der verneinten Form von „méi (yǒu)" übernommen.

Beispiele: Wǒ **méi (yǒu)** xuéxí Fǎwén.
(Ich habe **kein** Französisch gelernt.)

im Gegensatz zu:
Wǒ xuéxí Zhōngwén, **bù** xuéxí Fǎwén.
(Ich lerne Chinesisch, **nicht** Französisch.)

e) Die Auswahlfragesätze werden folgendermaßen gebildet:

Beispiele: Nǐ qù **le méi yǒu**?
(Warst du dort?)

Nǐ kàn diànyǐng **le méi yǒu**?
(Hast du den Film gesehen?)

3. *Einfache Uhrzeiten*

a) Die Frage nach der Uhrzeit lautet „jǐ diǎn (zhōng)".

Beispiele: Wǒmen **jǐ diǎn** chūfā?
(Um **wieviel Uhr** gehen wir los?)

Xiànzài **jǐ diǎn** (zhōng)?
(**Wieviel Uhr** ist es jetzt?)

Beachten Sie, daß die deutsche Formel „ist es" in solchen Zeitangaben nicht übersetzt wird!

b) Volle Stunden werden entsprechend angegeben.

Beispiele: Xiànzài **sān diǎn** (zhōng).
(Es ist jetzt **drei Uhr**.)

Wǒmen **bā diǎn** kàn diànyǐng.
(Wir schauen uns **um acht Uhr** einen Film an.)

c) Halbe Stunden werden durch Anhängen von „bàn" angegeben.

Beispiel: Wǒmen sì diǎn **bàn** kāishǐ.
(Wir beginnen um **halb** fünf.)

d) Die auch im Deutschen übliche Nennung von Viertelstunden geschieht wie in folgenden Beispielen:

5^{15} wǔ diǎn **yí kè**
(etwa: fünf Uhr und eine Viertelstunde)

6^{45} liù diǎn **sān kè**
(etwa: sechs Uhr und drei Viertelstunden)

oder:

chà yí kè qī diǎn
(etwa: Es fehlt eine Viertelstunde bis sieben Uhr)

e) Umgangssprachlich sind ähnlich wie im Deutschen bei der Uhrzeit nur Zahlenangaben von 1 bis 12 üblich.

Also: halb fünf statt 16^{30} Uhr

Ganz wie im Deutschen werden zur eindeutigen Kennzeichnung häufig Tageszeiten hinzugefügt.

Beispiel: Wǒmen **wǎnshang** bā diǎn kāishǐ.
(Wir beginnen acht Uhr **abends**.)

Die Zählweise bis 24 Uhr wird im Chinesischen noch seltener als im Deutschen und nur für offizielle Zwecke verwendet, etwa bei der Zeitansage oder im Bahnverkehr.

f) Uhrzeiten stehen wie andere Zeitangaben vor dem Verb oder am Satzanfang.

Beispiel: Tā **sān diǎn** hē chá.
oder
Sān diǎn tā hē chá.
(**Um drei Uhr** trinkt er Tee.)

Übungen

1. Setzen Sie in die vier Töne:

jiū	jiú	jiǔ	jiù	ying	…
piāo	…			fa	…
ke	…			guan	…
chu	…			shi	…

2. Unterscheiden Sie lautlich:

diǎn – tiǎn	jǐng – jǐn	jíng – yíng
kāi – gāi	tài – dài	gè – kè
piào – biào	yǐ – jǐ	jǐ – chǐ
chū – zhū	zhāng – chāng	jiù – qiù

3. Ersetzen Sie die unterstrichenen Satzteile:

Dìdi sān diǎn cóng xuéxiào lái.

jiějie	– yínháng
Měizhū	– sùshè
wǒ péngyou	– tā jiā
gēge	– diànyǐngyuàn
lǎoshī	– dàxué

Nǐ kàn diànyǐng le méi yǒu?
Wǒ méi kàn diànyǐng.

xiě xìn
qù kàn péngyou
mǎi piào
yòng cídiǎn
chōu yān

Xiànzài jǐ diǎn (zhōng)?
Xiànzài wǔ diǎn bàn.

3.15	8.45
9.45	2.15
12.00	4.30

4. Setzen Sie die passenden Zähleinheitswörter ein:

Wǒ xiǎng qù kàn yí ... péngyou.
Nǐ yǐjīng mǎi liǎng ... piào le ma?
Chuáng shàng yǒu yì ... huàbào.
Wǒ gēge yǒu sān ... Zhōngwén shū.
Tā de Yīngwén bān yǒu èrshíliù ... xuésheng.
Xiànzài jǐ ... (zhōng)?
Tā de fángjiān yǒu sì ... yǐzi, liǎng ... zhuōzi.

5. Beantworten Sie die Fragen zum Text:

- Lìsā hé Hànsī jīntiān wǎnshang qù nǎr?
- Hànsī mǎile jǐ zhāng piào le?
- Tāmen cóng nǎr qù?
- Tāmen jǐ diǎn chūfā?
- Tāmen jǐ diǎn dào diànyǐngyuàn le?
- Diànyǐng jǐ diǎn kāishǐ?
- Lìsā de gēge jǐ suì?

6. Übersetzen Sie ins Chinesische:

- Sie fuhren um 7.45 Uhr los.
- Der Film begann um 8.30 Uhr abends.
- Er geht vom Kino aus ins Wohnheim, um einen Freund zu besuchen.
- Mein Chinesisch ist nicht sehr gut.
- Ich habe heute schon zu viel gelesen.

- Seine Mutter arbeitet zu Hause. Sie ist Hausfrau.
- Auf dem Tisch liegen zwei Landkarten.
- Um 3 Uhr ging er dann los.
- Die Tochter meiner älteren Schwester ist elf Jahre alt.

7. Beantworten Sie folgende persönliche Fragen:
   - Nǐ cháng qù kàn diànyǐng ma?
   - Nǐ jiā yǒu jǐ ge rén?
   - Nǐ zǎoshang jǐ diǎn cóng nǐ jiā chūfā?
   - Nǐ jǐ diǎn dào xuéxiào le?
   - Nǐ jīntiān wǎnshang zuò shénme?
   - Nǐ jǐ suì?

8. Was sagen Sie, wenn
   - Sie jemandes Zustimmung erfragen wollen?
   - Sie nach der Uhrzeit fragen wollen?
   - Sie jemanden ins Kino einladen wollen?
   - Sie einen Kinofilm sehr loben wollen?
   - Sie Ihre volle Zustimmung ausdrücken wollen?
   - Sie sich bis zum Wiedersehen am gleichen Abend verabschieden wollen?
   - Sie jemanden nach seinem Alter fragen wollen?

9. Spielen Sie mit Ihrem Sitznachbarn eine ähnliche Szene wie im Text:
   - Einladung ins Kino
   - genaue Zeitangaben, Treffpunkt
   - vorläufige Verabschiedung

Lernen Sie auswendig:

Wǒmen jīntiān wǎnshang qù kàn diànyǐng, hǎo bu hǎo?
Tài hǎo le. Nǐ yǐjīng mǎi piào le ma?
Mǎi le.
Wǒmen jǐ diǎn qù?
Wǒmen qī diǎn cóng nǐ jiā chūfā. Chàbuduō qī diǎn yí kè jiù kěyǐ dào diànyǐngyuàn le.
Hǎo de. Qī diǎn zàijiàn.

Vielvölkerstaat China

In den Grenzen der Volksrepublik China leben zahlreiche Völkerschaften. Insgesamt zählt man 56 Nationalitäten, von denen die Han – so bezeichnen sie sich selbst nach der Han-Dynastie – mit 94% der Gesamtbevölkerung die weitaus größte Volksgruppe ausmachen. Die 6% nichtchinesischer Minderheiten besiedeln allerdings 60% des Staatsgebietes, vor allem die Steppen- und Gebirgslandschaften im Nordosten, Nordwesten und Südwesten.

Diese heute von der Regierung offiziell anerkannten 55 Nationalen Minderheiten unterscheiden sich von den Han-Chinesen und untereinander mehr oder weniger durch Sprache, Schrift, Religion, Sitten und Gebräuche. Überwiegend sind es zahlenmäßig kleine Völker, von denen nur 13 mehr als 1 Million Menschen umfassen. Die größten sind die Zhuang, Hui, Uiguren, Tibeter, Yi, Miao, Mongolen, Mandschuren, Buyi und Koreaner. Zu den kleinen Minderheiten gehören auch Vertreter der indogermanischen Sprachgruppe und solche Völkerschaften, die dem europiden Rassenkreis nahestehen. Sonderfälle sind die Mandschu, die die chinesische Kultur völlig angenommen haben, und die Hui, die sich lediglich durch ihre islamische Religion von den Han-Chinesen unterscheiden.

Anerkennung kultureller und religiöser Eigenarten werden in der Verfassung garantiert; in den autonomen Gebieten der Minderheiten gibt es bestimmte Selbstverwaltungsorgane. Jedes Kind muss allerdings neben seiner Muttersprache auch Chinesisch lernen, und Führungskräfte aus den Reihen der Minderheiten werden in speziellen Kaderschulen von Chinesen ausgebildet. Aus diesen und anderen Gründen unterliegen sie trotz weitgehender kultureller Autonomie der allmählichen Sinisierung.

LEKTION 11 Uhrzeit II; Verabredung zum Cafébesuch

Text

Lìsā:	Nǐ cóng nǎr lái?
Měizhū:	Wǒ cóng sùshè lái. Xiànzài jǐ diǎn?
Lìsā:	Chà wǔ fēn liǎng diǎn.
Měizhū:	Wǒ liǎng diǎn yí kè shàng kè.
Lìsā:	Nǐ jǐ diǎn xià kè?

Měizhū:	Sì diǎn èrshí xià kè.
Lìsā:	Xià kè yǐhòu nǐ yǒu shì ma?
Měizhū:	Méi yǒu shì. Wǒ huí sùshè kàn shū.
Lìsā:	Xià kè yǐhòu wǒmen qù kāfēiguǎn, hǎo ma?
Měizhū:	Hǎo a. Wǒ wènwen Dōngmào, tā yào bu yào gēn wǒmen yìqǐ qù?
Lìsā:	Wǒ sì diǎn bàn zài nàr děng nǐmen. Nǐmen zuò chē qù ma?
Měizhū:	Bù, wǒmen zǒu (lù) qù.
Lìsā:	Hǎo, sì diǎn bàn jiàn.

Vokabeln zum Text

fēn	Minute (ZEW)
shàng kè	mit dem Unterricht beginnen, am Unterricht teilnehmen
xià kè	den Unterricht beenden
kè	Unterricht
yǐhòu	danach, später; nachdem
shì	Angelegenheit, Tätigkeit
huí	zurück, zurückgehen
kāfēiguǎn	Café

a	(betonende Satzpartikel)
wènwen	mal fragen, sich erkundigen
yào	wollen, wünschen, werden
gēn	mit
yìqǐ	zusammen, gemeinsam
děng	warten
zuò chē	mit dem Auto (Fahrrad, Bus usw.) fahren
lù	Straße
zǒu lù	zu Fuß gehen

Weitere Vokabel

yǐqián	vorher, davor, bevor

Anmerkungen

1. „Yǒu shì(r)" bedeutet soviel wie „zu tun haben", also „keine Zeit haben".
2. Das Anhängen der Partikel „a" an einen Teilsatz oder einen Satz, wie hier in „hǎo a", hat gefühlsbetonende Wirkung. „Hǎo a" könnte man mit „prima" übersetzen.
3. „wènwen" (mal fragen, sich erkundigen) gehört zu einer größeren Anzahl von chinesischen Verben, die durch Verdoppelung eines einsilbigen Verbes entstanden sind und so eine Bedeutungsnuancierung bewirken. Die Verdoppelung vermittelt den Gedanken, „mal" etwas zu tun oder etwas „ein wenig" zu tun. Die zweite Silbe ist unbetont.

Grammatik

1. *Nachgestelltes Zeitadverb*

Wie an dem Satz „Xià kè **yǐhòu** wǒmen qù kāfēiguǎn." (**Nach** Unterrichtsschluß gehen wir ins Café, oder: **Nachdem** der Unterricht beendet ist, gehen wir ins Café.) erkennbar ist, übernimmt im Chinesischen das nachgestellte Zeitadverb „yǐhòu" (danach) die Funktion einer Präposition (nach) bzw. einer Konjunktion (nachdem), um Vorzeitigkeit auszudrücken.
Gleiches gilt für „yǐqián" (vorher, davor, bevor).

Beispiel: Wǒ huí jiā **yǐqián** qù kàn péngyou.
(**Bevor** ich heimging, besuchte ich einen Freund.)

2. *Erläuternde Verbalform*

Um zu erläutern, auf welche Weise etwas geschieht, kann dem Prädikat ein anderes Verb oder eine Verbalform vorangestellt werden.

Beispiele: Wǒmen **zǒu** (lù) qù.
(Wir gehen **zu Fuß** hin.)

Tāmen **zuò chē** qù.
(Sie fahren **mit dem Auto** hin.)

Lǎoshī **yòng Zhōngwén** jiāo wǒmen.
(Der Lehrer unterrichtet uns auf Chinesisch.)

3. *Genaue Uhrzeiten*

a) Sämtliche genaue Uhrzeiten mit Minutenangaben können ähnlich wie in der offiziellen deutschen Fassung formuliert werden.

Beispiele: sì diǎn shí'èr fēn (4.12 Uhr)
yì diǎn sānshíliù fēn (1.36 Uhr)

b) Das gilt auch für die in der vorigen Lektion behandelten runden Uhrzeiten, die also auf mehr als eine Weise ausgedrückt werden können.

Beispiele: wǔ diǎn shíwǔ fēn
oder: (5.15 Uhr)
wǔ diǎn yí kè

liù diǎn sānshí fēn
oder: (6.30 Uhr)
liù diǎn bàn

bā diǎn sìshíwǔ fēn
oder:
bā diǎn sān kè (8.45 Uhr)
oder:
chà yí kè jiǔ diǎn

c) Schließlich kann mit Hilfe des Wortes „chà" (fehlen) bei vielen Uhrzeiten die Nähe zu einer runden Zeit ausgedrückt werden.

Beispiele: chà wǔ fēn shíyì diǎn (10.55 Uhr, also: 5 Minuten vor 11 Uhr)

chà sān fēn liǎng diǎn bàn. (2.27 Uhr)

Übungen

1. Lesen Sie flüssig unter Beachtung der richtigen Töne:

shàng – huí – sháng – fěn – zài – huī – shāng – fèn – zái – huì – zāi – shǎng – zǎi – fén – huǐ – fēn – kè – hóu – kē – hǒu – wèn – hōu – ké – wēn – guǎn – kě – hòu – guān – wěn – guàn – wén – chà – dēng – zuǒ – zòu – zuò – děng – chā – zuō – zǒu – zuó – dèng – yáo – zōu – chǎ – yāo – zóu – yào – chá – yào

2. Ersetzen Sie die unterstrichenen Satzteile:

<u>Xià kè</u> yǐhòu wǒ qù <u>kàn péngyou</u>.

hē kāfēi	– xuéxiào
kàn dàifu	– mǎi bǐ
huí jiā	– wǒ de fángjiān
kàn diànyǐng	– kāfēiguǎn

<u>Huí jiā</u> yǐqián tā <u>mǎi dìtú</u> le.

qù xuéxiào	– gěi dìdi xiě xìn
rènshi Lìsā	– méi yǒu nǚ péngyou
wǔ diǎn bàn	– qù shāngdiàn
shàng dàxúe	– xuéxí Yīngyǔ

Wǒmen <u>bā diǎn sān kè</u> jiù dào <u>diànyǐngyuàn</u> le.

2.13	kāfēiguǎn
4.29	xuéxiào
6.15	Běijīng
11.50	sùshè
12.05	yínháng
9.37	Měizhū de fángjiān

3. Bilden Sie aus folgenden Satzteilen sinnvolle Sätze:

- shàng kè – jīntian – wǒmen – bā diǎn
- yǒu – nǐ – méi yǒu – xiànzài – shì
- kāfēiguǎn – gēn – qù – liǎng – péngyou – wǒ – ge
- zài – xuéxí – zhōngxué – nǐmen – ma – Zhōngwén
- huí – xià kè – jiā – wǎnshang – yǐhòu – wǒ
- yào – diànyǐng – gēn – bú yào – yìqǐ – qù – wǒ – kàn – nǐ
- Zhōngwén – jiāo – lǎoshī – yòng – wǒmen
- děng – qī diǎn bàn – nàr – wǒ – nǐmen – zài

4. Beantworten Sie die Fragen zum Text:

- Měizhū jǐ diǎn xià kè?
- Xià kè yǐhòu tā yǒu méi yǒu shì?
- Tā yào qù nǎr?
- Lìsā qǐng tā qù nǎr?
- Měizhū yào wèn shéi gēn tāmen yìqǐ qù?
- Lìsā jǐ diǎn děng tāmen?
- Měizhū hé Dōngmào zuò chē qù ma?

5. Übersetzen Sie ins Chinesische:

- Hans geht mit seinem Freund zusammen zur Schule.
- Nach dem Unterricht gehen sie nach Hause.
- Lisa kennt eine chinesische Hochschülerin.
- Sie fahren mit dem Auto zum Kino.
- Meine ältere Schwester will in einer Bank arbeiten.
- Bevor seine Mutter in einem Geschäft arbeitete, war sie Hausfrau.
- Ihre Tochter ist jetzt Angestellte in einer Firma.
- Heute Morgen hat er in seinem Zimmer Zeitung gelesen.

6. Beantworten Sie folgende persönliche Fragen:

- Nǐ jīntiān zǎoshang jǐ diǎn shàng kè? Jǐ diǎn xià kè?
- Jīntiān xià kè yǐhòu nǐ zuò shénme?
- Nǐ cháng qù kāfēiguǎn ma?
- Nǐ zuò chē huí jiā ma?
- Nǐ gēn péngyou yìqǐ qù xuéxiào ma?
- Wǎnshang qī diǎn yǐhòu nǐ yǒu méi yǒu shì?

7. Was sagen Sie, wenn

- Sie jemanden fragen wollen, ob er zu Fuß geht?
- Sie jemanden nach seinem Unterrichtsbeginn fragen wollen?
- Sie jemanden fragen wollen, ob er jetzt Zeit habe?
- Sie jemanden fragen wollen, ob er mit Ihnen Kaffeetrinken gehen will?
- Sie jemanden fragen wollen, wo er Deutsch gelernt hat?
- Sie jemanden nach seinem Namen fragen wollen?

8. Spielen Sie mit Ihrem Sitznachbarn eine ähnliche Szene wie im Text:
   - Fragen nach Unterrichtsbeginn und -schluss
   - Einladung ins Café
   - Frage nach dem Fortbewegungsmittel
   - vorläufige Verabschiedung

Lernen Sie auswendig:

Nǐ cóng nǎr lái?
Wǒ cóng xuéxiào lái.
Nǐ xiànzài yǒu shì ma?
Méi yǒu shì.
Nǐ yào bu yào gēn wǒ yìqǐ qù kāfēiguǎn?
Yào. Wǒmen zǒu qù ma?
Bù. Wǒmen zuò chē qù a!
Hěn hǎo.

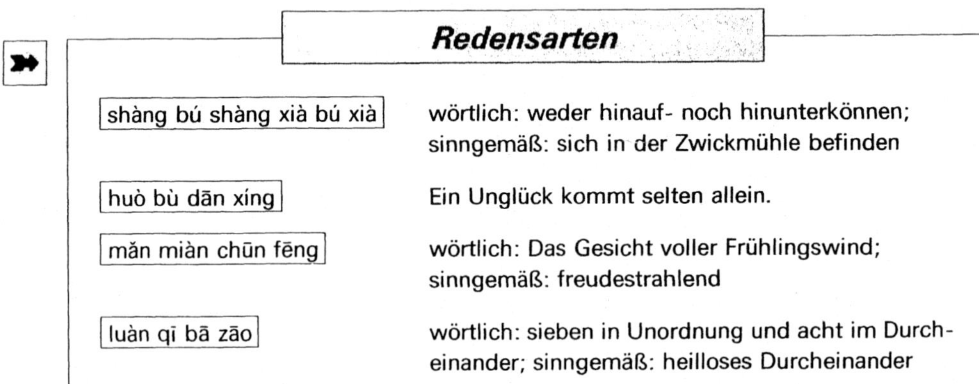

Redensarten

shàng bú shàng xià bú xià	wörtlich: weder hinauf- noch hinunterkönnen; sinngemäß: sich in der Zwickmühle befinden
huò bù dān xíng	Ein Unglück kommt selten allein.
mǎn miàn chūn fēng	wörtlich: Das Gesicht voller Frühlingswind; sinngemäß: freudestrahlend
luàn qī bā zāo	wörtlich: sieben in Unordnung und acht im Durcheinander; sinngemäß: heilloses Durcheinander

LEKTION 12 — Im Café

Text

Měizhū: Lìsā, zhè ge kāfēiguǎn zhǐ yǒu kāfēi háishì yě kěyǐ jiào biéde dōngxi?

Lìsā: Nǐ yě kěyǐ jiào chá, guǒzhī, niúnǎi huòzhě jiǔ.

Dōngmào: Nǐ kàn, yě yǒu rén chī fàn.

Lìsā: Duì le. Zài zhèr nǐ yě kěyǐ chī diǎnxīn, dàngāo.

Měizhū: Nǐ měi tiān xiàwǔ dōu qù kāfēiguǎn ma?

Lìsā: Bù yídìng. Yǒu shíhou qù.

Dōngmào: Déguó rén hěn xǐhuan hē kāfēi. Duì bu duì?

Lìsā: Duì le. Wǒ měi tiān zǎoshang qǐ chuáng yǐhòu dōu hē yī, liǎng bēi kāfēi. Nǐ xǐhuan hē shénme?

Měizhū: Zhōngguó rén dōu hěn ài hē chá.

(Fúwùyuán lái le.)

Fúwùyuán: Qǐng wèn, nǐmen yào shénme?

Lìsā: Yì bēi kāfēi.

Měizhū: Yǒu hóngchá ma?

Fúwùyuán: Yǒu a.

Dōngmào: Wǒ yào yì píng píjiǔ.

Fúwùyuán: Hǎo. Yì bēi kāfēi, yì bēi hóngchá, yì píng píjiǔ. Mǎshàng lái.

Lektion 12

Vokabeln zum Text	zhǐ	nur
	háishì	oder (in Fragesätzen)
	jiào	bestellen
	biéde	andere/-r/-s
	dōngxi	Sache, Ding, Gegenstand, Artikel
	guǒzhī	Fruchtsaft
	huòzhě	oder
	jiǔ	alkoholisches Getränk
	chī (fàn)	essen
	diǎnxīn	Imbiss, Gebäck
	dàngāo	Kuchen
	měi	jede/-r/-s
	tiān	Tag
	xiàwǔ	Nachmittag, nachmittags
	yídìng	sicher, unbedingt, bestimmt
	shíhou	Zeit
	yǒu shíhou	manchmal
	xǐhuan	mögen, gerne tun
	qǐ chuáng	(aus dem Bett) aufstehen
	fúwùyuán	Kellner
	bēi	Tasse, Glas (ZEW)
	hóngchá	schwarzer Tee
	hóng	rot
	píng	Flasche (ZEW)
	mǎshàng	sofort
Weitere Vokabeln	lèi	müde
	píngguǒzhī	Apfelsaft
	pútáojiǔ	(Trauben-)Wein
	shàngwǔ	Vormittag, vormittags
	zhōngwǔ	Mittag, mittags

Anmerkungen

1. Das unpersönliche Pronomen „man" wird im Chinesischen nur umschrieben oder fällt ganz fort:

   Beispiel: Yě kěyǐ jiào biéde dōngxi ma?
   (Kann **man** auch andere Sachen bestellen?)

2. Die Konjunktionen „háishì" und „huòzhě" (beide: oder) unterscheiden sich in ihrem Gebrauch: „háishì" findet in Fragesätzen, „huòzhě" in Aussagesätzen Anwendung. Beachten Sie, dass „háishì" ohne „ma" gebraucht wird!

   Beispiele: Nǐ xǐhuan kāfēi **háishì** chá?
   (Magst du Kaffee **oder** Tee?)
   Nǐ kěyǐ jiào niúnǎi **huòzhě** píngguǒzhī.
   (Du kannst Milch **oder** Apfelsaft bestellen.)

3. Neben „rufen", „auffordern" und „heißen" bedeutet „jiào" auch „bestellen".

4. „jiǔ" wird häufig mit „Wein" übersetzt, bezeichnet jedoch jede Art von alkoholischem Getränk. Zur genaueren Kennzeichnung muss ein Bestimmungswort bzw. eine Bestimmungssilbe vorangestellt werden.

Beispiele: **píjiǔ** (Bier)
pútáojiǔ (Wein)

5. Wörtlich übersetzt heißt „chī fàn" „Reis essen". Da jedoch „chī" im Prinzip nicht ohne Erweiterung stehen kann, hat das Objekt „fàn" (Reis) seine spezifizierende Bedeutung verloren und ist mit „chī" eine feste Verbindung eingegangen, die lediglich „essen" bedeutet. Jedes andere Objekt außer „fàn" muss natürlich übersetzt werden.

   Beispiele: Nǐ yào **chī fàn** ma?
   (Willst du **essen**?)
   Wǒ xǐhuan **chī dàngāo**.
   (Ich **esse** gerne **Kuchen**.)

6. Während „diǎnxīn" neben „Imbiss" auch das kleinere „Gebäck" umfasst, wird mit „dàngāo" der größere „Kuchen" bezeichnet.

7. „Duì bu duì?" lässt sich am besten mit „Stimmt's?" übersetzen.

Grammatik

1. *Der Gebrauch von „dōu"*

   Neben der schon bekannten Verwendung von „dōu" (alle, alles) ist sein Gebrauch in allen Fällen üblich, bei denen die regelmäßige Wiederkehr eines Zustandes oder einer Tätigkeit („jeweils") ausgedrückt werden soll.
   Das gilt auch in Ergänzung zu „měi" (jede/-r/-s).

   Beispiele: Wǒ **měi** tiān zǎoshang **dōu** hē liǎng bēi kāfēi.
   (Ich trinke **jeden** Morgen zwei Tassen Kaffee.)
   Tā qǐ chuáng yǐhòu **dōu** hěn lèi.
   (Nach dem Aufstehen ist er **immer** müde.)

2. *Weglassen des Subjekts*

   In allen Situationen, in denen ein Missverständnis ausgeschlossen ist, kann im umgangssprachlichen Chinesisch auf das Subjekt verzichtet werden.

   Beispiel: Nǐ měi tiān qù kāfēiguǎn ma?
   (Gehst du jeden Tag ins Café?)
   Bù yídìng – yǒu shíhou qù, yǒu shíhou bú qù.
   (Nicht unbedingt – manchmal gehe **ich**, manchmal gehe **ich** nicht.)

Übungen

1. Lesen Sie flüssig unter Beachtung der richtigen Töne:

   huò – guǒ – huó – gāo – guò – huǒ – guó – gǎo – huō – guǒ – gào – hōu – gáo – hóu – duò – hě – hòu – duō – hǒu – ké – duǒ – kē – duó – xià – kè – xiā – chī – xiá – chǐ – zhī – chí – zhǐ – xiǎ – chì – zhí – shí – xǐ – zhì – shī – xí – qǐ – shì – xī – qī – xì – qí – shǐ – qì

2. Ersetzen Sie die unterstrichenen Satzteile:

   Nǐ <u>yào Yīngwén bào</u> háishì <u>yào Zhōngwén bào</u>?
   Wǒ <u>yào Zhōngwén bào</u>.

hē chá	– hē guǒzhī
huí jiā	– qù kāfēiguǎn
chī diǎnxīn	– chī biéde dōngxi
jiào hóngchá	– jiào píjiǔ
xǐhuan shuō Zhōngwén	– ài shuō Yīngwén

Nǐ xiàwǔ mǎi shénme? Wǒ xiàwǔ mǎi yì běn cídiǎn.	hē níunǎi (bēi) jiào guǒzhī (píng) mǎi dìtú (zhāng) hē píjiǔ (bēi) jiào diànyǐngpiào (zhāng)

3. Bilden Sie aus folgenden Satzteilen sinnvolle Sätze:
   - kàn – yǒu shíhou – diànyǐng – wǒ – qù
   - xiàwǔ – xuéxiào – tiān – tā – qù – měi – shàng kè
   - ài – dàngāo – bu – chī – ài – nǐmen
   - chī fàn – jīntiān – yǐhòu – péngyou – yídìng – kàn – wǎnshang – qù – wǒmen
   - xiě – tā – chángcháng – gěi – wǒ – xìn
   - hěn – háizi – hē – xǐhuan – niúnǎi – hé – guǒzhī
   - wǒmen – fúwùyuán – mǎshàng – gàosu – lái – tā
   - hóngchá – nǐ – háishì – dōngxi – yào – biéde – yào

4. Beantworten Sie folgende Fragen zum Text:
   - Měizhū, Lìsā hé Dōngmào wǎnshang qù nǎr?
   - Zài nà ge kāfēiguǎn kěyǐ jiào shénme dōngxi?
   - Lìsā cháng qù kāfēiguǎn ma?
   - Déguó rén hěn xǐhuan hē shénme?
   - Zhōngguó rén dōu ài hē shénme?
   - Nà ge kāfēiguǎn yě yǒu hóngchá ma?
   - Dōngmào yào hē shénme?
   - Lìsā hé tā péngyou(men) yě xiǎng bu xiǎng chī fàn?

5. Übersetzen Sie ins Chinesische:
   - Möchtest du gerne Tee oder Kaffee trinken?
   - In diesem Lokal kannst du Bier bestellen.
   - Darf ich Kuchen essen?
   - Jeden Morgen nach dem Aufstehen trinke ich ein Glas Saft.
   - Alkohol trinke ich nicht allzu gerne.
   - Manchmal raucht mein Vater nach dem Essen.
   - Ich will nur etwas trinken, keinen Imbiss zu mir nehmen.
   - Nachdem ich ihn gerufen hatte, kam der Kellner sofort.
   - Heute Nachmittag wollte er unbedingt etwas anderes essen.

6. Beantworten Sie folgende persönliche Fragen:
   - Nǐ měi tiān zǎoshang jǐ diǎn qǐ chuáng?
   - Qǐ chuáng yǐhòu nǐ chī shénme dōngxi?
   - Nǐ xǐhuan bu xǐhuan hē hóngchá?
   - Nǐ ài hē shénme biéde dōngxi?
   - Nǐ chángcháng qù kāfēiguǎn chī dàngāo ma?
   - Nǐ hē bu hē jiǔ?
   - Nǐ jīntiān xiàwǔ zài jiā háishì qù kàn péngyou?
   - Nǐ yǒu shíhou kàn diànyǐng ma?

7. Was sagen Sie, wenn
   - Sie nachmittags gefragt werden, was Sie trinken wollen?
   - Sie ein alkoholisches Getränk ablehnen wollen?
   - Sie nach den Trinkgewohnheiten der Deutschen gefragt werden?
   - Sie Kaffee und Kuchen bestellen wollen?
   - Sie eine Frage nicht voll bejahen können?
   - Sie einen Gast höflich fragen wollen, ob er ein Glas Saft trinken möchte?
   - Sie vor einem Geschäft fragen wollen, was man hier kaufen kann?
   - Sie fragen wollen, ob Sie rauchen dürfen?

8. Spielen Sie mit Ihrem Sitznachbarn eine ähnliche Szene wie im Text:
   - Besuch im Café
   - Fragen nach dem Angebot
   - Bestellung

Lernen Sie auswendig:

Qǐng wèn, nǐmen yào shénme?
Yǒu hóngchá ma?
Yǒu a.
Wǒ péngyou yào yì bēi.
Wǒ yào yì píng píjiǔ.
Nǐmen yào chī shénme dōngxi?
Yǒu dàngāo ma?
Diǎnxīn, dàngāo, wǒmen dōu yǒu.
Hǎo. Wǒmen yào nà ge dàngāo.
Mǎshàng lái.

Chinesische Erfindungen

Dass die Chinesen bereits im 1. Jahrtausend v. Chr. das Verfahren zur Herstellung von Seide entwickelten, ist vielen bekannt. Nicht viele aber dürften wissen, dass im selben Zeitraum in China bereits mit Armbrüsten geschossen und die Schubkarre erfunden wurde.

Während der Han-Zeit (206 v. Chr.–220 n. Chr.) gelang die Herstellung des Papiers, das nicht nur zum Schreiben oder Malen, sondern auch zur Produktion von Taschentüchern und Servietten sowie bedruckt als Währung diente. In der Song-Zeit (960–1279 n. Chr.) wurde auf Papier die erste Zeitung der Welt gedruckt. Porträts auf Papier dienten als Steckbriefe.

400 Jahre vor Gutenberg fand in China die Einführung der beweglichen Drucktypen statt. Um diese Zeit lag die Konstruktion des ersten Seismographen (100 n. Chr.) schon fast ein Jahrtausend zurück.

Im 4. Jh. erkannte ein Chinese das Prinzip der Helikopterfliegerei. In den folgenden Jahrhunderten fanden verschiedenste luftfahrttechnische Versuche statt. Sie betrafen nicht nur die in China populäre Drachenfliegerei, sondern auch die Funktionsweise des Heißluftballons.

Weitere bekannte Entdeckungen bzw. Erfindungen der Chinesen sind das Porzellan (im 5./6. Jh. n. Chr.), dessen Herstellungsverfahren im 13. und 14. Jh. vervollkommnet wurde, und der Kompass (im 11. Jh. n. Chr.).

Es waren die mongolischen Truppen, die im 13. Jh. zum ersten Mal mit einer für den Gang der Geschichte wesentlichen Erfindung unliebsame Bekanntschaft machten. Den angreifenden Reitern flogen schießpulvergetriebene Raketen und Sprengkörper um die Ohren.

Die auf der Zunge liegende Frage, warum China trotz bester Voraussetzungen keinen Anteil an der Entwicklung moderner Wissenschaften gehabt hat, lässt sich einerseits mit der Unbeweglichkeit der wirtschaftlichen und sozialen Ordnung erklären, andererseits damit, dass das Studium der konfuzianischen Schriften die einzige Grundlage für den Aufstieg in die Beamtenschicht bildete.

LEKTION 13

Telefonische Verabredung zum Kaufhausbesuch; Datumsangaben

Text

1. *Měizhū (dǎ diànhuà):* Wéi, wǒ shì Měizhū. Nǐ shì Lìsā ba?
Lìsā: Wǒ jiù shì. Nǐ hǎo.
Měizhū: Nǐ hǎo. Nǐ zài xiūxi ma?
Lìsā: Měi yǒu. Wǒ bú lèi. Wǒ zài liànxí niàn Hànyǔ kèwén.
Měizhū: Nǐ yǐjīng huì le ma?
Lìsā: Chàbuduō.
Měizhū: Èi, Lìsā, nǐ xiàwǔ yǒu kòng ma?

Lìsā: Yǒu a. (Nǐ yǒu) shénme shì?
Měizhū: Wǒ yào mǎi xīn yīfu. Xiǎng qǐng nǐ bāng(zhu) wǒ xuǎn. Kěyǐ ma?
Lìsā: Dāngrán kěyǐ.
Měizhū: Máfan nǐ.
Lìsā: Bù máfan. Sān diǎn yǐhòu wǒ cái néng gēn nǐ qù. Shénme shíhou jiànmiàn?
Měizhū: Sì diǎn zài bǎihuò shāngdiàn qiánbiān jiàn. Hǎo bu hǎo?
Lìsā: Hǎo. Sì diǎn jiàn.

2. Měi nián yǒu shí'èr ge yuè: yīyuè, èryuè, sānyuè shénme de. Yí ge yuè yǒu sì ge duō xīngqī. Yí ge xīngqī yǒu qī tiān: xīngqīyī, xīngqī'èr, xīngqīsān, xīngqīsì, xīngqīwǔ, xīngqīliù; hái yǒu xīngqītiān (huòzhě: xīngqīrì).

Měizhū hé Lìsā xīngqīliù qù mǎi yīfu. Shì èr líng líng yī nián èr yuè èrshísì hào.

Vokabeln zum Text

dǎ diànhuà	telefonieren
ba	(Satzpartikel) hier: der Vermutung
jiù	hier: genau
xiūxi	ausruhen
liànxí	üben
niàn	(laut) lesen
kèwén	(Übungs-)Text
huì	können (den Fähigkeiten und Fertigkeiten nach)
èi	(Anruf; ugspr.)
kòng	freie Zeit
yīfu	Kleidung
bāng(zhu)	helfen
xuǎn	wählen, auswählen, aussuchen
dāngrán	selbstverständlich
máfan	Umstände, Umstände machen
cái	erst
néng	können (den Voraussetzungen bzw. Umständen nach)
shénme shíhou	wann?
jiànmiàn	sich treffen
bǎihuò shāngdiàn	Kaufhaus
qiánbiān	vor (örtl.); Vorderseite
nián	Jahr
yuè	Monat
shénme de	und so weiter (usw.)
xīngqī	Woche
hái yǒu	außerdem
hào	Tagesdatum

Weitere Vokabeln

míngtiān	morgen	qùnián	letztes Jahr
zuótiān	gestern	jīnnián	dieses Jahr
shàng (ge) xīngqī	letzte Woche	míngnián	nächstes Jahr
xià (ge) xīngqī	nächste Woche	shuìjiào	schlafen

Anmerkungen

1. „Wǒ jiù shì" ist eine v. a. am Telefon häufige Wendung, die etwa mit „Ja, ich bin's selbst" zu übersetzen ist.
2. Der Gebrauch der Partikel „le" im Satz „Nǐ yǐjīng huì **le** ma?" (Kannst du ihn schon?) deutet auf die Zustandsänderung von Nichtkönnen zu Können hin (Siehe Grammatik Lektion 10).

3. „Máfan nǐ" (etwa: Ich mache dir Umstände.) ist eine häufig verwendete Höflichkeitsfloskel. Als Antwort ist auch „bú kèqi" möglich.
4. Zum nachgestellten „qiánbiān" sei daran erinnert, dass Positionswörter oder auch Zeitadverbien (z.B. „yǐbòu"), die vor allem die Funktion von Präpositionen im Deutschen einnehmen, nicht wie diese vor, sondern **nach dem Bezugswort** stehen (Vgl. Lektionen 9 und 11).

Grammatik

1. *Die Satzpartikel „ba"*

So wie „ma" als Fragewort und „a" zur Kennzeichnung eines Ausrufs steht die Partikel „ba" am Satzende, um Aufforderung, Bitte und Vorschlag, aber auch Vermutung und Zustimmung zum Ausdruck zu bringen (die im Deutschen häufig mit dem Wörtchen „doch" verbunden sind).

Beispiele: Nǐ gàosu tā **ba**!
(Erzähl es ihm doch!)
Nǐ shì Lìsā **ba**?
(Du bist doch Lisa, nicht wahr?)
Tā duì ba!
(Er hat doch Recht!)

2. *Die Verlaufsform mit „zài"*

Um die Gegenwärtigkeit eines Vorgangs oder einer Handlung auszudrücken, wird häufig „zài" als Adverb dem Verb vorangestellt.

Beispiele: Nǐ **zài** xiūxi ma?
(Ruhst du **gerade**?)
Tāmen **zài** chī fàn.
(Sie sind **gerade** beim Essen.)

Wird eine Frage in der Verlaufsform verneinend beantwortet, geschieht dies meist mit „méi yǒu".

Beispiel: Nǐ zài kàn bào ma?
(Bist du gerade beim Zeitunglesen?)
– **Méi yǒu**, wǒ zài niàn shū.
(**Nein**, ich bin beim Lernen.)

3. *Die Modalverben*

Einige der wichtigsten Modalverben (im Deutschen: können, sollen, müssen, mögen, dürfen, wollen) kommen im Text dieser Lektion vor: „yào", „xiǎng", „huì", „néng" und „kěyǐ".
Modalverben werden den Vollverben (im Chinesischen auch als Prädikat fungierenden Adjektiven) vorangestellt.
„Yào" (wollen), „xiǎng" (denken) und „huì" (können) sind allerdings **auch als Vollverben** verwendbar, da sie ein direktes Objekt mit sich führen können.

Beispiele: Wǒ **yào** zhè běn shū.
(Ich **will** dieses Buch.)

Měizhū cháng **xiǎng** jiā.
(Meizhu **denkt** oft an zu Hause.)

Tā **huì** Zhōngwén.
(Sie **kann** Chinesisch.)

Im Folgenden nun die eigentlichen Modalverben:

a) „xiǎng" und „yào"

In der Bedeutung „wollen", „beabsichtigen" sind die beiden Wörter häufig austauschbar. „Xiǎng" wirkt jedoch höflicher.

Beispiele: Wǒ **yào** mǎi xīn yīfu.
(Ich **will** mir neue Kleidung kaufen.)

Wǒ **xiǎng** qǐng nǐ bāng wǒ xuǎn.
(Ich **möchte** dich bitten, mir beim Aussuchen zu helfen.)

In der Bedeutung „beabsichtigen" lassen sich die beiden Verben auch zu „xiǎngyào" kombinieren.

Beispiel: Wǒ **xiǎngyào** qù fànguǎn chī fàn.
(Ich **beabsichtige** zum Essen ins Restaurant zu gehen.)

„Yào" kann darüber hinaus ein Bedürfnis oder eine Notwendigkeit ausdrücken.

Beispiel: Xuésheng **yào** hùxiāng bāngzhu.
(Schüler **sollten** sich gegenseitig helfen.)

b) „huì", „néng" und „kěyǐ"

Diese drei Modalverben lassen sich mit dem Wort „können" übersetzen. Teilweise überschneidet sich ihre Anwendung. Sie weisen jedoch Bedeutungsunterschiede auf.
„huì" (können) deutet auf eine erlernte Fähigkeit oder Fertigkeit hin.

Beispiel: Tā **huì** shuō Zhōngwén.
(Er **kann** Chinesisch sprechen.)

„néng" (können, imstande sein, in der Lage sein) bedeutet,
dass jemand a) die Voraussetzungen besitzt,
b) den Umständen nach in der Lage ist,
etwas zu tun.

Beispiele: a) Tā méi xué Yīngwén, tā bù **néng** kàn Yīngwén bào.
(Er hat kein Englisch gelernt, **kann** also keine englischen Zeitungen lesen.)

b) Wǒ méi yǒu biéde shì, wǒ wǎnshang **néng** qù kàn nǐ.
(Ich habe nichts anderes vor, **kann** dich also am Abend besuchen.)

„kěyǐ" (können, dürfen, möglich sein) beinhaltet

a) wie „néng" die Möglichkeit aus der Situation heraus,

b) die Erlaubnis, etwas zu tun.

Beispiele: a) Wǒ **kěyǐ** jiè nǐ zhèi běn shū.
(Ich **kann** dir dieses Buch leihen.)

b) Wǒ **kěyǐ** bu kěyǐ gēn nǐmen yìqǐ qù?
(**Darf** ich mit euch gehen?)

4. *Monate, Wochentage und Datum*

a) Die Monatsnamen werden im Chinesischen durch Nummerieren gebildet:

yīyuè	Januar
èryuè	Februar
sānyuè	März
.	.
.	.
.	.
shí'èryuè	Dezember

b) Bei den Wochentagen werden die Zahlen nicht vorausgeschickt, sondern angehängt:

xīngqīyī	Montag
xīngqī'èr	Dienstag
.	.
.	.
.	.
xīngqīliù	Samstag

Lediglich der „Sonntag" wird anders gebildet:

xīngqītiān oder: xīngqīrì

c) Bei der Frage nach dem Monat oder dem Wochentag wird statt der Zahl „jǐ" eingesetzt.

Beispiele: Tā **jǐ**yuè lái Déguó?
(In **welchem** Monat kommt er nach Deutschland?)

Jīntiān shì xīngqī**jǐ**?
(**Welcher** Wochentag ist heute?)

d) Beim Datum wird die Jahreszahl ziffernweise wiedergegeben, gefolgt von der Angabe des Tages.

Beispiel: Míngtiān shì yī jiǔ jiǔ bā nián bāyuè shíjiǔ hào.
(Morgen ist der 19. August 1998.)

Zur Nummerierung kann statt „hào" auch „rì" verwendet werden.

e) Die Wörter „nián" und „tiān" benötigen – im Gegensatz zu „yuè" und „xīngqī" – kein ZEW.

Beispiele: **Yì nián** yǒu shí'èr **ge** yuè.
(Ein Jahr hat zwölf Monate.)

Yí **ge** xīngqī yǒu **qī tiān**.
(Eine Woche hat sieben Tage.)

Übungen

1. Lesen Sie folgende Sätze unter besonderer Beachtung des 4. Tons! Übersetzen Sie anschließend:

- Wǒ zài dǎ diànhuà.
- Nǐ qù bu qù kàn diànyǐng?

- Nǐ lèi bu lèi?
- Tā zài liànxí kèwén.
- Nǐ yào bu yào kàn Rìwén bào?
- Wǒmen míngtiān zài shāngdiàn qiánbiān jiànmiàn.
- Wǒ chàbuduō sì diǎn yǐhòu yǒu kòng.

2. Ersetzen Sie die unterstrichenen Satzteile und übersetzen Sie anschließend:

Nǐ xiǎng xuéxí Zhōngwén ma?
Wǒ hěn xiǎng xuéxí Zhōngwén.

qù kàn péngyou
mǎi xīn yīfu
gěi tā dǎ diànhuà
rènshi wǒ de nǚ péngyou
qù shuìjiào
hē Zhōngguó chá

Nǐmen néng bu néng jiào tā lái?
Wǒ bù néng, tā néng.

jiāo tāmen Yīngyǔ
bā diǎn lái
lái gēn wǒmen chī fàn
bāngzhu wǒ

Nǐ zài xiūxi ma?
Méi yǒu. Wǒ zài kàn shū.

chī fàn	– gōngzuò
dǎ diànhuà	– niàn kèwén
děng péngyou	– xuǎn yīfu
jiāo yǔfǎ	– shàng Fǎwén kè

3. Bilden Sie sinnvolle Sätze:

- xīn – mǎi – wǒ – yīfu – xiǎng
- bǎihuò shāngdiàn – wǒmen – jiànmiàn – zài – shí diǎn bàn – qiánbiān
- ba – Lìsā – shì – nǐ
- kòng – míngtiān – méi – wǒ – xiàwǔ
- xuǎn – kěyǐ – bāng – kěyǐ – wǒ – bù – nǐ
- yào – nǐ – gēn – fàn – wǒmen – qǐng – chī – wǒmen

4. Beantworten Sie folgende Frage zum Text:

- Shéi gěi Lìsā dǎ diànhuà?
- Lìsā zài xiūxi ma? Tā zài zuò shénme?
- Tā yǐjīng huì niàn kèwén ma?
- Měizhū xiǎng qǐng Lìsā zuò shénme?
- Lìsā shuō kěyǐ ma?
- Tāmen qù nǎr mǎi yīfu?
- Tāmen shénme shíhou jiànmiàn?

5. Übersetzen Sie ins Chinesische:

- Ich mache Ihnen Umstände.
- Wir treffen uns um 10.15 Uhr vor dem Kino.
- Ich kann ungefähr hundert chinesische Schriftzeichen schreiben.
- Kannst du mir beim Aussuchen neuer Kleider helfen?
- Natürlich kann ich dir helfen.

- Was hast du vor?
- Gestern um drei Uhr hat Lisa ihren älteren Bruder angerufen.
- Am 25. April 2001 wird er nach Bejing fahren, um seinen chinesischen Freund zu besuchen.
- Nächsten Donnerstag treffen wir uns bei dir zu Hause, einverstanden?

6. Beantworten Sie folgende persönliche Fragen:
   - Nǐ chángcháng gěi péngyou dǎ diànhuà ma?
   - Nǐ xiànzài lèi bu lèi?
   - Nǐ měi tiān jǐ diǎn shuìjiào?
   - Nǐ jīntiān xiàwǔ yǒu kòng ma?
   - Nǐ yǐjīng huì xiě Hànzì le ma?
   - Nǐ cháng qù bǎihuò shāngdiàn mǎi dōngxi ma?
   - Nǐ xǐhuan mǎi xīn yīfu ma? Shéi bāngzhu nǐ mǎi?
   - Jīntiān shì jǐyuè jǐ hào?

7. Was sagen Sie, wenn
   - Sie am Telefon gefragt werden, ob Sie es seien?
   - Sie bestätigen wollen, dass Sie etwas fast beherrschen?
   - Sie jemanden um seine Hilfe bitten wollen?
   - Sie sich für eine Bitte entschuldigen wollen?
   - Sie Ihre Bereitschaft zu etwas kurz ausdrücken wollen?
   - Sie nach dem Zeitpunkt eines Treffens fragen wollen?
   - Sie erst am Nachmittag kommen können?
   - Sie nach dem heutigen Datum gefragt werden?

8. Spielen Sie mit Ihrem Sitznachbarn eine ähnliche Szene wie im Text:
   - Telefonanruf
   - Konversation über momentane Tätigkeit
   - Bitte um Hilfe beim Einkauf
   Verabredung (Genauer Termin, Datum!)

Lernen Sie auswendig:

Wéi, nǐ shì Lìsā ba?
Wǒ jiù shì. Nǐ hǎo.
Nǐ xiàwǔ yǒu kòng ma?
Yǒu a. Nǐ yǒu shénme shì?
Wǒ xiǎng mǎi xīn yīfu.
Nǐ kěyǐ bāng wǒ xuǎn ma?

Dāngran kěyǐ.
Máfan nǐ.
Bù máfan. Shénme shíhou jiànmiàn?
Sān diǎn jiàn. Hǎo bu hǎo?
Hǎo. Zàijiàn.

Sprichwörter

Zhè shān wàng, nà shān gāo.	Steht man auf dem einen Berg, erscheint einem der andere größer.
Tiān xià de wūyā yìbān hēi.	Krähen sind auf der ganzen Welt schwarz.

Im Bekleidungsgeschäft; Preise

Text

Shòuhuòyuán:	Nǐmen yào mǎi shénme yīfu?
Měizhū:	Qúnzi, kùzi, wǒmen dōu kànkan, hǎo bu hǎo?
Shòuhuòyuán:	Hǎo.
Lìsā:	Zhè tiáo qúnzi hěn hǎokàn.
Měizhū:	Zhēn búcuò. Duōshao qián?
Shòuhuòyuán:	Yì bǎi sānshíwǔ kuài.

Měizhū:	Duìbuqǐ, wǒ méi tīng qīngchu.
Shòuhuòyuán:	Yì bǎi sānshíwǔ kuài.
Měizhū:	Tài guì le yìdiǎn. Nǐmen yě yǒu chènshān, máoyī ma?
Shòuhuòyuán:	Yǒu. Yòu piányi yòu hǎokàn. Zhè jiàn máoyī sìshíliù kuài jiǔ máo wǔ (fēn).
Lìsā:	Lán(sè) de zuì piàoliang. Dànshì tài dà.
Shòuhuòyuán:	Lǜ(sè) de bǐjiào xiǎo.
Měizhū:	Hǎo. Nàme, wǒ jiù mǎi zhè jiàn.

Vokabeln zum Text

shòuhuòyuán	Verkäufer/-in
qúnzi	Rock
kùzi	Hose
kànkan	anschauen, betrachten, sich umsehen
tiáo	ZEW für Röcke, Hosen u. a.
hǎokàn	gutaussehend, schön
qián	Geld

zhēn (de)	wirklich, wahr
búcuò	nicht schlecht, recht gut, richtig
duōshao qián	Wie teuer (ist ...)? Was kostet ...?
kuài	ZEW für größte Währungseinheit (z. B. Mark, Dollar, Yuan)
duìbuqǐ	Entschuldigung!
tīng	hören
qīngchu	deutlich, klar
yìdiǎn(r)	ein wenig
chènshān	Hemd, Bluse
máoyī	Pullover
yòu ... yòu ...	sowohl ... als auch ...
piányi	billig
jiàn	ZEW für Kleidungsstücke
máo	ZEW für mittlere Währungseinheit (z. B. Zehner, Groschen)
fēn	ZEW für kleinste Währungseinheit (z. B. Pfennig, Cent)
lán(sè) de	blau
zuì	höchst, äußerst, am + Superlativ
piàoliang	hübsch, schön
dà	groß
lǜ(sè) de	grün
bǐjiào	verhältnismäßig, vergleichsweise, ziemlich; vergleichen
xiǎo	klein

Weitere Vokabeln

qiān	tausend
wàn	zehntausend
yì	hundert Millionen
huà(r)	Bild
wèi shénme	warum?
jiù	alt (für Sachen)
yuán	offizielle Bezeichnung der größten Währungseinheit
huáng(sè) de	gelb

Anmerkungen

1. „kànkan" (anschauen, sich umsehen) gehört zu einer größeren Anzahl von chinesischen Verben, die durch Verdoppelung eines einsilbigen Verbes entstanden sind und so eine Bedeutungsnuancierung bewirken. Die Verdoppelung vermittelt den Gedanken, „mal" etwas zu tun oder etwas „ein wenig" zu tun. Die zweite Silbe ist unbetont.
2. Bei „búcuò" (nicht schlecht, recht gut) kann die vorliegende Verneinung des Negativen wie im Deutschen die Bedeutung des besonders Guten annehmen.

Grammatik

1. *Voranstellung eines betonten Satzteils*

Satzteile, die besonders hervorgehoben werden sollen, können entgegen der Satzbauregel an den Anfang gestellt werden.

Beispiele: **Qúnzi, kùzi,** wǒmen dōu kànkan.
(Wir schauen uns sowohl **Röcke** als auch **Hosen** an.)

Zhè běn shū, wǒ bú ài kàn.
(**Dieses Buch** lese ich nicht besonders gerne.)

2. Die Währungseinheiten

a) Die in unserem Text genannten Geldeinheiten sind die in der Alltagssprache gebräuchlichen „kuài", „máo" und „fēn", vergleichbar mit Mark, Zehner und Pfennig.
In der offiziellen Währungssprache heißen diese Einheiten „yuán", „jiǎo" und „fēn". Diese Bezeichnungen stehen auch auf den Geldscheinen und -münzen.

b) Bei der Nennung des Betrages wird häufig die letzte Einheit ausgelassen.

Beispiel: 5,38 Yuan = wǔ kuài (yuán) sān máo (jiǎo) bā [fēn]

c) Fällt eine Einheit innerhalb des Betrages aus, so muss die Null genannt werden. In diesem Fall kann auch die Bezeichnung „fēn" nicht ausgelassen werden.

Beispiel: 12,04 Yuan = shi'èr kuài **líng** sì fēn

d) Die Bezeichnung der Zahl „2" („2 kuài", „2 máo", „2 fēn") hängt von ihrer Position im Betrag ab. In der Regel wird sie

- am Anfang eines Geldbetrages oder als selbständiger Betrag mit „liǎng" ausgesprochen,
- innerhalb einer größeren Geldsumme mit „èr".

Beispiele: 2,70 Yuan = liǎng kuài qī (máo)
0,23 Yuan = liǎng máo sān (fēn)
0,02 Yuan = liǎng fēn

aber:

8,25 Yuan = bā kuài èr máo wǔ (fēn)
5,02 Yuan = wǔ kuài líng èr fēn

e) Besteht ein Betrag aus lediglich einer Währungseinheit, so setzt man in der gesprochenen Sprache üblicherweise das Wort „qián" (Geld) hinzu.

Beispiele: 21,00 Yuan = èrshìyī kuài (**qián**)
0,70 Yuan = qī máo (**qián**)

3. Steigerung von Adjektiven

Die im Deutschen üblichen Steigerungen von Adjektiven durch Anhängung von Endungen (schnell, schnell**er**, am schnell**sten**) oder Wechsel der Wortwurzel (viel, mehr, am meisten) sind im Chinesischen nicht möglich. Zum Ausdruck von Komparativ und Superlativ werden umschreibende Adverbien vor- oder nachgestellt.
Drei von ihnen lernen wir in dieser Lektion kennen: „bǐjiào", „yìdiǎn", „zuì".

Beispiele: Zhè jiàn máoyī hěn guì. Nà jiàn **bǐjiào piányi**.
(Dieser Pullover ist teuer. Jener ist **billiger**.)
Zhè tiáo qúnzi tài xiǎo. Nà tiáo **dà yìdiǎn**.
(Dieser Rock ist zu klein. Jener ist **etwas größer**.)
Lánsè de chènshān **zuì piàoliang**.
(Die blaue Bluse ist **am hübschesten**.)

Übungen

1. Üben Sie das richtig betonte, aber flüssige Lesen folgender Beträge:

3,14 Yuan = sān kuài yì máo sì (fēn)
12,85 Yuan = shí'èr kuài bā máo wǔ (fēn)
42,76 Yuan = sìshí'èr kuài qī máo liù (fēn)
86,02 Yuan = bāshíliù kuài líng èr fēn
275,91 Yuan = liǎng bǎi qīshíwǔ kuài jiǔ máo yì (fēn)
802,03 Yuan = bā bǎi líng èr kuài líng sān fēn
4 594,99 Yuan = sì qiān wǔ bǎi jiǔshísì kuài jiǔ máo jiǔ (fēn)
37 256,44 Yuan = sān wàn qī qiān èr bǎi wǔshíliù kuài sì máo sì (fēn)

2. Um welche Beträge handelt es sich?

- sānshísì kuài líng wǔ fēn
- liǎng máo wǔ
- liǎng bǎi jiǔshíbā kuài jiǔ máo wǔ
- qī kuài wǔ
- sì qiān qī bǎi bāshí'èr kuài yī
- sān qiān sì bǎi jiǔshíyī kuài èr máo wǔ
- yí wàn èr qiān bā bǎi yīshíqī kuài sān máo sì
- wǔ bǎi wǔshíwǔ kuài yì máo yī
- èrshíqī wàn bā qiān líng sānshí'èr kuài liù
- sān yì liù qiān sì bǎi wǔshí wàn kuài (qián)
- shíyī yì kuài (qián)

3. Lesen Sie die Beträge auf Chinesisch:

2,75 Yuan	100,84 Yuan	0,04 Yuan
15,60 Yuan	99,95 Yuan	576 422,30 Yuan
0,50 Yuan	5 472,00 Yuan	1 144,49 Yuan
167,05 Yuan	10 000,00 Yuan	1 200 000 000,00 Yuan

4. Ersetzen Sie die unterstrichenen Satzteile:

Nǐ yào mǎi <u>qúnzi</u> ma?
Wǒ bú yào mǎi <u>qúnzi</u>,
xiǎng mǎi <u>máoyī</u>.

kùzi – chènshān
shū – huàbào
dàngāo – diǎnxīn
píjiǔ – guǒzhī
xīn de – jiù de
lǜsè de – huángsè de

Zhè <u>jiàn yīfu</u> hěn piányi.
Zhè <u>jiàn</u>, wǒ bú yào.

shū (běn)
qúnzi (tiáo)
chènshān (jiàn)
yǐzi (bǎ)
guǒzhī (píng)
bǐ (zhī)
zhuōzi (zhāng)
kùzi (tiáo)
máoyī (jiàn)
chuáng (zhāng)

Wǒ de <u>chènshān</u> bù hǎokàn. Nǐ de nà <u>jiàn</u> bǐjiào piàoliang.	kùzi, huà(r), máoyī, qúnzi, běnzi, yīfu, chē (liàng)

5. Beantworten Sie folgende Fragen zum Text:
   - Měizhū yào mǎi shénme dōngxi?
   - Lìsā shuō qúnzi hǎokàn bu hǎokàn?
   - Nà tiáo qúnzi duōshao qián?
   - Wèi shénme Měizhū bù mǎi qúnzi?
   - Máoyī guì bu guì? Duōshao qián?
   - Nǎ jiàn máoyī zuì piàoliang?
   - Nǎ jiàn bǐjiào dà?
   - Měizhū mǎi nǎ jiàn?

6. Übersetzen Sie ins Chinesische:
   - Entschuldigung! Ich habe es nicht genau verstanden.
   - Diese Hose ist ein wenig zu klein.
   - Der rote Pullover ist sowohl hübsch als auch billig.
   - Erlauben Sie die Frage! Was kostet dieser Rock?
   - Das blaue Hemd ist nicht billig, sieht aber sehr gut aus.
   - Die rote Bluse ist am teuersten.

7. Beantworten Sie folgende persönliche Fragen:
   - Nǐ xǐhuan huángsè de chènshān ma?
   - Nǐ cháng mǎi xīn yīfu ma?
   - Nǐ mǎi kùzi, yì tiáo duōshao qián?
   - Yí jiàn máoyī wǔshí kuài qián, guì bu guì?
   - Nǐ zài nǎr mǎi yīfu?

8. Was sagen Sie, wenn
   - Sie nach dem Preis eines Hemdes fragen wollen?
   - der anprobierte Pullover zu groß ist?
   - Ihnen eine Hose besonders gut gefällt?
   - Ihnen ein Kleidungsstück nicht gefällt?
   - Ihnen ein Rock zu teuer ist?
   - Sie noch andere Pullover und Hemden gezeigt bekommen wollen?
   - Sie jemanden nicht klar verstanden haben?

9. Spielen Sie mit Ihrem Sitznachbarn eine ähnliche Geschäftsszene wie im Text:
   - Fragen Sie nach Kleidungsstücken bzw. empfehlen Sie sie!
   - Sprechen Sie über die Preise!
   - Äußern Sie sich zu Größe und Aussehen der Textilien!

Lernen Sie auswendig:

Zhè tiáo qúnzi hěn hǎokàn. Duōshao qián?
Yì bǎi sānshíwǔ kuài.
Tài guì yìdiǎn. Nǐmen yě yǒu máoyī ma?
Yǒu, yòu piányi yòu piàoliang. Zhè jiàn wǔshíliù kuài jiǔ máo wǔ.
Lánsè de zuì piàoliang, dànshì tài xiǎo.
Hóngsè de bǐjiào dà.
Hǎo. Nàme wǒ mǎi zhè jiàn.

Unfreiwillig

... zur Erheiterung der chinesischen Gesprächspartner beizutragen ist nicht unabwendbares Schicksal, aber doch im frühen Stadium des Chinesischlernens auch nicht selten. Wohlwollen und Höflichkeit gegenüber falschen Tönen des Ausländers sind fast unbegrenzt, doch vor purem Nicht- oder Missverstehen ist auch der willigste Chinese nicht gefeit. Woher soll er wissen, dass Sie

yān (Zigaretten) statt yán (Salz),
táng (Süßigkeiten) statt tāng (Suppe)

wollen?

Weniger echtes Missverstehen als ein innerliches Schmunzeln beim chinesischen Gegenüber löst die Verwechslung von Tönen aus, wenn Sie beispielsweise

„Wǒ **wén** nǐ."
(Ich **rieche** dich.)
oder
„Wǒ **wěn** nǐ."
(Ich **küsse** dich.)

statt „Wǒ **wèn** nǐ."
(Ich **frage** dich.)

sagen.

Typisch ist auch eine Situation wie in folgender Geschichte, wo eine kleine Ungenauigkeit in der Wortwahl Heiterkeit hervorruft:

Ein Ausländer fährt einen Säugling im Kinderwagen spazieren. Ein Chinese spricht ihn auf der Straße an und fragt ihn: „Nín zhè ge háizi hěn pàng (dick) a! Nín měi tiān gěi tā chī shénme dōngxi?" Der Ausländer antwortet: „Tā bù chī biéde, jiù chī tā mǔqīn de niúnǎi."

LEKTION 15 — Im China-Restaurant

Text

Hànsī: Wǒ hěn gāoxìng, nǐmen liǎng wèi jīntiān wǎnshang gēn Lìsā hé wǒ yìqǐ lái Zhōngguó fànguǎn.
Měizhū, Dōngmào: Wǒmen yě hěn gāoxìng.
Lìsā: Wǒ hěn jiǔ méi chī Zhōngguó cài.

Dōngmào: Nǐmen huì yòng kuàizi ma?
Hànsī: Huì le. Bù nán xué.
Lìsā: Chī Zhōngguó cài, bú yòng kuàizi, bù hǎochī.
Měizhū: Wǒ tīngshuō zhèr de cài búcuò.
Dōngmào: Duì le. Wǒ hěn xǐhuan tāmen zuò de cài.
Lìsā: Hànsī, nǐ jiào de cài dōu shì shénme dōngxi?
Hànsī: Nǐmen xiān chángchang ba!
Fúwùyuán: Yì wǎn tāng, sì ge chūnjuǎn. Biéde cài mǎshàng lái.
Měizhū: Zài Déguó xiān hē tāng. Wǒmen zài Zhōngguó chī fàn, tāng zuì hòu hē.
Lìsā: Zhè shì shénme tāng?
Dōngmào: Shì suānlàtāng.
Lìsā: Wèidào hěn hǎo.
(Fúwùyuán lái le.)

Fúwùyuán:	Yú, zhūròu, jīròu hé qīngcài. Hái yǒu báifàn. Nǐmen yào bu yào hē chá?
Hànsī:	Hǎo.
	Qǐng gěi wǒmen yì hú hóngchá.
Fúwùyuán:	Mǎshàng lái.
Dōngmào:	Nǐmen juéde cài zěnmeyàng?
Lìsā:	Dōu hěn hǎochī.

Vokabeln zum Text

gāoxìng	froh, glücklich, erfreut
wèi	ZEW f. Personen (höflich)
fànguǎn(r)	Restaurant, Eßlokal
jiǔ	lange
cài	Speise, Gericht, Gemüse
kuàizi	Eßstäbchen
nán	schwierig
hǎochī	wohlschmeckend
tīngshuō	gehört haben, dass ...
zhèr de	hiesig
xiān	zuerst
cháng(chang)	probieren
wǎn	Schale, Schüssel (ZEW)
tāng	Suppe
chūnjuǎn(r)	Frühlingsrolle
zuì hòu	zuletzt, am Ende, schließlich, letzte/-r/-s
suānlàtāng	sauer-scharfe Suppe
wèidào	Geschmack
yú	Fisch
ròu	Fleisch
zhūròu	Schweinefleisch
jīròu	Hühnerfleisch
qīngcài	grünes Gemüse
báifàn	gekochter (weißer) Reis
hú	Kanne
juéde	empfinden, fühlen, meinen
zěnmeyàng	wie, wie ist ...?

Weitere Vokabeln

nàr de	dortig
hǎowán	amüsant, unterhaltsam
hǎoyòng	praktisch, leicht zu handhaben

Anmerkungen

1. Das ZEW „wèi" wird als höfliche Form für „ge" in der direkten Anrede oder in offizieller bzw. respektvoller Weise für Dritte gebraucht.
2. Hans sagt korrekterweise: „... **lái** Zhōngguó fànguǎn", nicht: „... **qù** Zhōngguó fànguǎn", denn die Freunde befinden sich ja bereits im Lokal. Unterscheiden Sie im Chinesischen (genauer als im Deutschen) „qù" ([hin]gehen) und „lái" ([her]kommen) je nach Standpunkt des Sprechers!
3. „tīngshuō" entspricht vom Wortinhalt genau dem deutschen „Hörensagen".

Grammatik

1. *Die Attributpartikel „de"*

In früheren Lektionen haben wir die Funktion der Attributpartikel „de"
- zur Bildung einer Art von Possessivpronomen und
- zur Bezeichnung eines Besitzverhältnisses

kennengelernt.

Beispiele: Zhè shì **wǒmen de** xuéxiào.
(Das ist **unsere** Schule.)
Zhè shì **Lìsā de** máoyī.
(Das ist **Lisas** Pullover.)

Im folgenden nun drei weitere Anwendungsfälle:

a) bei adjektivischem Attribut

In den wenigsten Fällen bildet im gesprochenen Chinesisch ein Adjektiv ein Attribut, ohne durch „de" mit dem Substantiv verbunden zu sein.

Beispiele: Tā shì yí ge **hǎo** péngyou.
(Er ist ein **guter** Freund.)
Lìsā qù mǎi **xīn** yīfu.
(Lisa geht **neue** Kleider kaufen.)

In diesen Fällen kann die Partikel „de" fehlen, wenn eine bedeutungsmäßig sehr enge Zusammengehörigkeit von Attribut und Substantiv besteht und das Attribut einsilbig ist.
In allen anderen Fällen, vor allem wenn das Adjektiv durch ein Adverb erweitert ist, kann auf „de" nicht verzichtet werden.

Beispiele: Tā mǎi le yì tiáo **hěn piàoliang de** qúnzi.
(Sie hat einen **sehr hübschen** Rock gekauft.)
Zhè shì **zuì guì de** huà.
(Das ist das **teuerste** Bild.)

b) bei verbalen und satzähnlichen Attributen

Die Bildung von Partizipien und Relativsätzen ist im Chinesischen nicht möglich. An ihre Stelle treten Attribute, die aus Verben, Verbalkonstruktionen oder gar regelrechten Sätzen bestehen können, dem Bezugswort vorangestellt und mit ihm durch „de" verbunden werden.

Beispiele: Nà ge fànguǎn hěn dà, **qù de** rén fēicháng duō.
(Jenes Restaurant ist sehr groß, es sind außerordentlich viele Leute, **die dorthin gehen**.)
Yòng kuàizi de rén dōu shì Zhōngguó rén.
(Die Leute, **die Essstäbchen benutzen**, sind alle Chinesen.)
Nǐ jiào de cài dōu hěn hǎochī.
(Die **von dir bestellten** Speisen schmecken alle sehr gut.)
Wǒ hěn xǐhuan **tāmen zuò de** cài.
(Ich mag das **von ihnen zubereitete** Essen sehr gern.)
Zhè shì **wǒ hěn jiǔ méi jiàn de** péngyou.
(Das ist der Freund, **den ich sehr lange nicht gesehen habe**.)

Merken Sie sich für die Übersetzung der manchmal sehr langen Attributkonstruktionen: Zuerst das Bezugswort hinter dem „de" übersetzen, dann die vorausgehende Attributbildung als Relativsatz anschließen!

c) bei Zeit- und Ortsadverbien

Auch an Zeit- und Ortsadverbien wird bei attributivem Gebrauch das „de" angehängt. Im Deutschen wird das Adverb entsprechend adjektiviert.

Beispiele: **Zhèr de** cài búcuò.
(Die **hiesigen** Speisen sind sehr gut.)

Túshūguǎn hěn dà. **Nàr de** shū hěn duō.
(Die Bibliothek ist sehr groß. Die Zahl der **dortigen** Bücher ist sehr groß.)

Jīntiān de diànyǐng, wǒ bù xiǎng kàn.
(Den **heutigen** Film will ich mir nicht anschauen.)

Wǒ bù xǐhuan wǒ **xiànzài de** gōngzuò.
(Ich mag meine **jetzige** Arbeit nicht.)

2. *Bildung von Adjektiven mit „hǎo"*

Mit Hilfe eines vorangestellten „hǎo" (gut) lassen sich aus vielen chinesischen Vollverben Adjektive bilden. Zwei Beispiele haben wir im Text bereits kennengelernt:

hǎo + kàn (sehen) → hǎokàn (schön, gutaussehend)
hǎo + chī (essen) → hǎochī (wohlschmeckend)

Andere sehr gebräuchliche Begriffe sind

hǎo + hē (trinken) → hǎohē (wohlschmeckend f. Getränke, Suppe)
hǎo + tīng (hören) → hǎotīng (wohlklingend)
hǎo + yòng (benutzen) → hǎoyòng (leicht zu handhaben)
hǎo + wán(r) (spielen, sich amüsieren) → hǎowán(r) (amüsant, unterhaltsam)

3. *Dominanz der Satzreihe*

Gedankliche Beziehungen, die im Deutschen stets durch konjunktionale Nebensätze oder entsprechende adverbiale Bestimmungen ausgedrückt werden, müssen im Chinesischen häufig aus dem Zusammenhang erschlossen werden, da lediglich eine unverbundene Satzreihung vorliegt.

Beispiele: Wǒ hěn gāoxìng, nǐmen liǎng wèi gēn wǒmen yìqǐ qù.
(Wir freuen uns, **dass** ihr beiden mit uns geht.)

Wǒmen zài Zhōngguó chī fàn, tāng zuì hòu hē.
(**Wenn** wir in China essen, kommt die Suppe zuletzt.)

Chī Zhōngguó cài, bú yòng kuàizi, bù hǎochī.
(**Wenn** man Chinesisch isst, **ohne** Essstäbchen zu benutzen, **so** schmeckt es nicht.)

Übungen

1. Lesen Sie flüssig unter Beachtung der richtigen Töne:

xíng – qīng – jì – xìng – jí – qǐng – xǐ – qìng – xǐng – jī – xí – qíng – jǐ – xì – xīng – xiá – xī – xià – qǐ – zhī – xiǎ – qí – zhǐ – xiā – xiù – qī – zhí – xǐn – xiū – qì – xīn – zhì – chǐ – xiú – xìn – chī – xiǔ – chí – xín – qiān – chì – qián – juè – jiǔ – jué – qiǎn – jiù – juē – jiú – qiàn – juě – jiū

2. Bilden Sie sinnvolle Sätze:

- yòng – nǐmen – ma – huì – kuàizi
- Déguó – tāng – zài – xiān – hē
- gēn – qù – yìqǐ – Hànsī – fàn – Lìsā – chī
- zhūròu – tāmen – wǎn – jiào – yī
- wǒmen – yī – qǐng – gěi – hú – chá
- hǎochī – zuò – hěn – de – tāmen – cài
- yòu – máoyī – yòu – piàoliang – hóng – de – piányi

3. Ersetzen Sie die unterstrichenen Satzteile:

Nǐ xǐhuan tā zuò de cài ma?
Xǐhuan. Tā zuò de cài hěn hǎo.

xiě shū mǎi máoyī jiè cídian zuò fàn xuǎn yīfu

Tā xiě de shū zěnmeyàng?
Wǒ tīngshuō, tā xiě de shū zhēn búcuò.

zuò Zhōngguó cài mǎi nà jiàn chènshān gěi nǐ jièshào xīn péngyou jiāo Zhōngwén yòng Hànyǔ cídiǎn

4. Bilden Sie vollständige Sätze mit Hilfe von je einem Wort aus beiden Kästchen:

cài, kuàizi, wǒmen, píjiǔ, qúnzi, máoyī, chūnjuǎn, diànyǐng	hǎohē, búcuò, hǎochī, hǎokàn, hǎowán, piàoliang, hǎoyòng, gāoxìng

5. Beantworten Sie die Fragen zum Text:

- Lìsā hé Hànsī gēn shéi qù fànguǎn?
- Tāmen qù shénme fànguǎn?
- Hànsī hé Lìsā huì yòng kuàizi ma?
- Tāmen jiào de cài dōu shì shénme dōngxi?
- Tāmen jiào shénme tāng?
- Tāmen yào hē shénme?
- Tāmen chī de cài zěnmeyàng?

6. Übersetzen Sie ins Chinesische:

- Wir danken Ihnen beiden, dass Sie uns zum Essen eingeladen haben.
- Das grüne Gemüse, das Sie zubereiten, schmeckt sehr gut.
- Chinesisches Essen schmeckt nicht, wenn man keine Stäbchen benutzt.
- Die vier Frühlingsrollen kommen sofort!
- Der Geschmack des Fisches ist außerordentlich gut.
- Ich probiere zuerst das Schweinefleisch.
- Möchten Sie schwarzen Tee trinken?

7. Beantworten Sie folgende persönliche Fragen:
   - Nǐ xǐhuan qù Zhōngguó fànguǎn ma?
   - Nǐ chīle shénme cài?
   - Nǐ juéde Zhōngguó cài zěnmeyàng?
   - Zài Zhōngguó fànguǎn fúwùyuán zěnmeyàng?
   - Nǐ huì bu huì yòng kuàizi?
   - Nǐ zuì xǐhuan chī shénme dōngxi?
   - Nǐ jiā chángcháng chī jīròu ma?
   - Nǐmen měi tiān hē tāng ma?
   - Nǐ xiàwǔ hē kāfēi háishì chá?
8. Was sagen Sie, wenn
   - Sie ihre Freude über das Zusammensein mit jemandem ausdrücken wollen?
   - Sie eine Speise loben wollen?
   - Sie die Suppe als letzten Gang bestellen wollen?
   - Sie eine Kanne Tee bestellen wollen?
   - Sie nach dem Geschmack einer Speise fragen wollen?
   - Sie zwei Frühlingsrollen, Suppe und Schweinefleisch bestellen wollen?
   - Sie unbedingt Essstäbchen benutzen wollen?
   - Sie ein Situation oder Sache unterhaltsam finden?
9. Spielen Sie mit Ihrem Sitznachbarn eine ähnliche Szene wie im Text:
   - Dank für die Einladung
   - Benutzung von Essstäbchen
   - Bestellung verschiedener Speisen und Getränke
   - Urteile über den Geschmack der Speisen

Lernen Sie auswendig:

Xièxie nǐ jīntiān wǎnshang qǐng wǒ chī fàn.
Bú xiè. Wǒ yě hěn gāoxìng. Nǐ xǐhuan chī shénme cài?
Yú, ròu, tāng wǒ dōu xǐhuan chī.
Tāmen zuò de cài dōu hěn hǎochī. Nǐ huì bu huì yòng kuàizi?
Huì le. Wǒ tīngshuō, chī Zhōngguó cài, bú yòng kuàizi, bù hǎochī.
Nǐ shuō de hěn duì.

Besonders geeignet

für Schüler (anwesende ausgenommen) sind folgende Sprichwörter bzw. Redensarten:

xīn bú zài yān	wörtlich: Das Herz ist nicht anwesend; sinngemäß: geistig abwesend sein
jīng shén bú zhèn	unkonzentriert, lustlos sein; Neudeutsch etwa: Null Bock
lín shí bào Fó jiǎo	wörtlich: Im letzten Moment Buddhas Füße umarmen; sinngemäß: Im allerletzten Augenblick das Unmögliche erhoffen
nán de bú huì, huì de bù nán	Das Schwierige kann ich nicht, und was ich kann, ist nicht schwierig.

Vokabelverzeichnis

(ohne Eigennamen)

A

		Lektion
a	(betonende Satzpartikel)	11
à	Ah!, Oh! (Ausruf)	7
ài	lieben, sehr mögen	7
àiren	Ehefrau, Ehemann	8

B

		Lektion
ba	(Satzpartikel der Vermutung, Aufforderung, Zustimmung)	13
bā	acht	5
bǎ	(ZEW f. Stühle)	9
bàba	Vater, Papa	3
bǎi	hundert	9
báifàn	gekochter (weißer) Reis	15
bǎihuò shāngdiàn	Kaufhaus	13
bān	(Schul-)Klasse	9
bàn	halb, Hälfte	10
bāng(zhu)	helfen	13
bào	Zeitung	6
bēi	Tasse, Glas (ZEW)	12
běn	(ZEW f. Bücher, Zeitschriften u. ä.)	9
běnzi	(Schul-)Heft	6
bǐ	Stift, Schreibgerät	7
biéde	andere/-r/-s	12
bǐjiào	verhältnismäßig, vergleichsweise, ziemlich; vergleichen	14
bù	nicht	2
búcuò	nicht schlecht, recht gut, richtig	14
bú kèqi	(höflich:) Keine Ursache!	
bú xiè	(höflich:) Nichts zu danken!	

C

		Lektion
cái	erst	13
cài	Speise, Gericht, Gemüse	15
chá	Tee	4
chà	fehlen	10
chàbuduō	ungefähr, fast	10
cháng(cháng)	oft	6
cháng(chang)	probieren	15
chē	Fahrzeug	3
chènshān	Hemd, Bluse	14
chī fàn	essen	12
chōu yān	rauchen	4

		Lektion
chuáng	Bett	9
chūfā	losgehen, aufbrechen, sich auf den Weg machen	10
chūnjuǎn(r)	Frühlingsrolle	15
chūzhōng	Sekundarstufe I der Höheren Schule	5
cídiǎn	Wörterbuch	6
cóng	von	10

D

dà	groß	14
dǎ diànhuà	telefonieren	13
dàifu	Arzt	3
dàngāo	Kuchen	12
dāngrán	selbstverständlich	13
dànshì	aber	9
dào	nach (Richtung), bis; ankommen, gelangen nach	10
dàxué	Universität, Hochschule	7
de	(besitzanzeigende Partikel)	3
děng	warten	11
Déwén	Deutsch	9
Déyǔ	Deutsch	6
diǎn (zhōng)	Uhr(zeit) (ZEW)	10
diànyǐng	Kino, Film	10
diànyǐngyuàn	Kino(-gebäude)	10
diǎnxīn	Imbiß, Gebäck	12
dìdi	jüngerer Bruder	2
dìtú	Landkarte	4
dōngxī	Sache, Ding, Gegenstand, Artikel	12
dōu	alle(s), beide	2
duì	richtig	7
duìbuqǐ	Entschuldigung	14
duō	viel	5
duōshao	wieviel(e)?	5
duōshao qián	Wie teuer? Was kostet ...?	14

E

èi	(Anruf)	13
èr	zwei	5
érzi	Sohn	8

F

fángjiān	Zimmer	9
fànguǎn	Restaurant, Eßlokal	15
Fǎwén	Französisch	9
Fǎyǔ	Französisch	6
fēicháng	sehr, außerordentlich	9
fēn	Minute (ZEW)	11

		Lektion
fēn	(ZEW für kleinste Währungseinheit; z.B. Pfennig, Cent)	14
fùmǔ	Eltern	8
fùqīn	Vater	8
fúwùyuán	Kellner	12

G

gàosu	mitteilen, erzählen	8
gāoxìng	froh, glücklich, erfreut	15
gāozhōng	Oberstufe der Höheren Schule, Sekundarstufe II	5
gè	(ZEW (allgemein))	9
gēge	älterer Bruder	2
gěi	geben; an, für	8
gēn	mit	11
gōngchéngshī	Ingenieur	8
gōngrén	Arbeiter	8
gōngsī	Firma	8
gōngzuò	arbeiten, Arbeit	8
guì	teuer	5
guì xìng	Wie heißen Sie mit Familiennamen?	5
guó	Land	3
guǒzhī	Fruchtsaft	12

H

hái	noch, außerdem	9
hái yǒu	außerdem	13
háishì	oder (in Fragesätzen)	12
háizi	Kind	8
Hànyǔ	Chinesisch(e Sprache)	3
Hànzì	Chinesische Schriftzeichen	9
hǎo	gut, wohl	2
hào	Nummer, Tagesdatum	5, 13
hǎochī	wohlschmeckend	15
hǎo de	In Ordnung! Gut!	10
hǎohē	wohlschmeckend (f. Getränke, Suppen)	15
hǎokàn	gutaussehend, schön	14
hǎotīng	wohlklingend	15
hǎowán	amüsant, unterhaltsam	15
hǎoyòng	leicht zu handhaben, praktisch	15
hē	trinken	4
hé	und, mit	7
hěn	sehr, ziemlich	2
hóng	rot	12
hóngchá	schwarzer Tee	12
hú	Kanne (ZEW)	15
huàbào	Illustrierte	6

		Lektion
huán	zurückgeben	6
huáng(sè) de	gelb	14
huānyíng	Willkommen!, willkommen heißen	4
huà(r)	Bild	14
huí	zurück, zurückgehen	11
huì	können (den Fähigkeiten und Fertigkeiten nach)	13
huòzhě	oder	12
hùxiāng	gegenseitig, voneinander	9

J

jǐ	wieviele?, einige	9
jiā	Familie, Zuhause	8
jiàn	(sich) sehen	10
jiàn	(ZEW f. Kleidungsstücke)	14
jiànmiàn	sich treffen	13
jiāo	lehren	9
jiào	rufen, heißen, genannt werden, bestellen	5, 12
jiàoshì	Klassenzimmer	9
jiātíng fùnǚ	Hausfrau	8
jiè	leihen, verleihen	6
jiějie	ältere Schwester	8
jièshào	vorstellen, bekannt machen	7
jìn	eintreten	4
jīnnián	dieses Jahr	13
jīntiān	heute	10
jīròu	Hühnerfleisch	15
jiǔ	neun	5
jiǔ	alkoholisches Getränk	12
jiǔ	lange	15
jiù	dann, genau	10, 13
jiù	alt (f. Sachen)	14
juéde	empfinden, fühlen, meinen	15

K

kāfēi	Kaffee	4
kāfēiguǎn	Café	11
kāishǐ	beginnen	10
kàn	sehen, betrachten, lesen	4
kànkan	anschauen, betrachten, sich umsehen	14
kè	Viertel(stunde) (ZEW)	10
kè	Unterricht (auch ZEW f. Lektionen)	11
kèqi	höflich	4
kèwén	(Übungs-)Text	13
kěyǐ	können, möglich sein, dürfen	6
kòng	freie Zeit	13
kǒuyǔ	Umgangssprache	9

	kuài	(ZEW für größte Währungseinheit; z.B. Mark, Euro, Dollar, Yuan)	14
	kuàizi	Essstäbchen	15
	kùzi	Hose	14
L	lái	kommen	7
	lán(sè) de	blau	14
	lǎoshī	Lehrer	3
	le	(Satzpartikel)	7
	le	(Aspektsuffix)	7
	lèi	müde	12
	liǎng	zwei (vor ZEW)	9
	liànxí	üben	13
	lǐ(biān)	in, innen, innerhalb; Innenseite	9
	líng	null	5
	liù	sechs	5
	liúxuéshēng	im Ausland Studierender	5
	lóu	Stockwerk (ZEW)	5
	lù	Straße	11
	lǜ(sè) de	grün	14
M	ma	(Fragepartikel)	2
	máfan	Umstände, Umstände machen	13
	mǎi	kaufen	7
	māma	Mutter, Mama	3
	máng	beschäftigt	2
	máo	(ZEW für mittlere Währungseinheit; z.B. Zehner, Groschen)	14
	máoyī	Pullover	14
	mǎshàng	sofort	12
	méi	nicht	8
	měi	jede/-r/-s	12
	mèimei	jüngere Schwester	8
	men	(Pluralsuffix)	3
	míngnián	nächstes Jahr	13
	míngtiān	morgen	13
	míngzi	Name, Rufname („Vorname")	5
	mǔqin	Mutter	8
N	nà (nèi)	jene/-r/-s	3
	nǎ (něi, nǎi)	welche/-r/-s?	3
	nàme	also, folglich, dann, nun	7
	nán	schwierig	15

			Lektion
	nán (de)	männlich	6
	nǎr	wo?, wohin?	5
	nàr	dort, dorthin	19
	nàr de	dortig	15
	ne	(Satzpartikel)	2
	néng	können (den Voraussetzungen bzw. den Umständen nach)	13
	nǐ	du, Sie	2
	nián	Jahr	13
	niàn	(laut) lesen	13
	nín	höfliche Form von „nǐ"	4
	niúnǎi	(Kuh-)Milch	4
	nǚ (de)	weiblich	6
	nǚ'ér	Tochter	8
P	péngyou	Freund, Bekannter	3
	piányi	billig	14
	piào	Karte	10
	piàoliang	hübsch, schön	14
	píjiǔ	Bier	4
	píng	Flasche (ZEW)	12
Q	qī	sieben	5
	qǐ chuáng	(aus dem Bett) aufstehen	12
	qiān	tausend	14
	qián	Geld	14
	qiánbiān	vor (örtl.); Vorderseite	13
	qǐng	Bitte!, bitten, einladen	4
	qīngcài	grünes Gemüse	15
	qīngchu	deutlich, klar	14
	qǐng wèn	Darf ich Sie fragen, ...?. Entschuldigen Sie die Frage! ...	4
	qù	gehen	6
	qùnián	letztes Jahr	13
	qúnzi	Rock	14
R	rén	Mensch	3
	rènshi	kennen, kennenlernen	6
	ròu	Fleisch	15
S	sān	drei	5
	shàng	auf, über; Oberseite; vorige/-r/-s	9, 13
	shàng kè	mit dem Unterricht beginnen	11

		Lektion
shāngdiàn	Geschäft, Laden	7
shàng (ge) xīngqī	letzte Woche	13
shǎo	wenig	5
shéi (shuí)	wer?	3
shénme	was? welche/-r/-s?	4
shénme de	und so weiter (usw.)	13
shénme shíhoù	wann?	13
shí	zehn	5
shì	sein (bin, bist ...)	3
shì	Angelegenheit, Tätigkeit	11
shíhou	Zeit	12
shìjiè	Welt	4
shòuhuòyuán	Verkäufer/-in	14
shū	Buch	3
shūjià	Bücherregal	9
shuìjiào	schlafen	13
shuō	sprechen	7
sì	vier	5
suānlàtāng	sauer-scharfe Suppe	15
suì	Lebensalter in Jahren (ZEW)	10
sùshè	Wohnheim	5

T

tā	er, sie	2
tài	sehr, zu	10
táidēng	Tischlampe	9
tàitai	Frau	4
tāmen	sie (Plural)	2
tāng	Suppe	15
tiān	Tag	12
tiáo	(ZEW für Röcke, Hosen u. ä.)	14
tīng	hören	14
tīngshuō	gehört haben, daß ...	15
túshūguǎn	Bibliothek	9

W

wàn	zehntausend	14
wǎn	Schale, Schüssel (ZEW)	15
wǎnshang	Abend	10
wèi / wéi	Hallo! (Ausruf)	7
wèi	(ZEW für Personen (höflich))	15
wèi shénme	warum?	14
wèidào	Geschmack	15

		Lektion
wèn	fragen	4
wènwen	mal fragen, sich erkundigen	11
wǒ	ich	2
wǔ	fünf	5

X

xià	nächste/-r/-s	13
xià kè	den Unterricht beenden	11
xiān	zuerst	15
xiǎng	denken (an), beabsichtigen	8
xiānsheng	Herr	4
xiànzài	jetzt, nun, heutzutage	6
xiǎo	klein	14
xiǎojiě	Fräulein	5
xiàwǔ	Nachmittag, nachmittags	12
xià (ge) xīngqī	nächste Woche	13
xiē	ein wenig, einige (ZEW)	9
xiě	schreiben	8
xièxie	Danke!, danken	4
xǐhuān	mögen, gerne tun	12
xīn	neu	9
xìn	Brief	8
xìng	Familienname, mit Familiennamen heißen	5
xīngqī	Woche	13
xiūxi	ausruhen, rasten, Pause machen	13
xuǎn	wählen, auswählen	13
xué(xí)	lernen, studieren	5
xuésheng	Student, Schüler	5
xuéxiào	Schule	5

Y

yào	wollen	11
yě	auch	2
yī	eins	5
yì	hundert Millionen	14
yìdiǎn(r)	ein wenig	14
yídìng	sicher, unbedingt, bestimmt	12
yīfu	Kleidung	13
yígòng	zusammen, ingesamt	9
yǐhòu	danach, später, nachdem	11
yǐjīng	schon	10
Yīngwén	Englisch	9
Yīngyǔ	Englisch	3, 6
yínháng	Bank (Geldinstitut)	8
yìqǐ	zusammen, gemeinsam	11
yǐqián	vorher, davor, bevor	11

		Lektion
yǐzi	Stuhl	9
yíxià(r)	eine Weile, ein wenig, mal	6
yòng	benutzen, brauchen	6
yǒu	haben, es gibt	8
yǒu shíhou	manchmal	12
yòu ... yòu ...	sowohl ... als auch ...	14
yú	Fisch	15
yuán	offizielle Bezeichnung der größten Währungseinheit	14
yuè	Monat	13
yǔfǎ	Grammatik	9

zài	(sich befinden) in, an, bei; anwesend sein	5
zàijiàn	Auf Wiedersehen!	6
zǎoshang	Morgen, morgens	10
zázhì	Zeitschrift	6
zěnmeyàng	wie?, wie ist ...?	15
zhāng	(ZEW für flache Gegenstände wie Papier, Zeitungen, Tische, Betten u.ä.)	9
zhè (zhèi)	diese/-r/-s	3
zhēn (de)	wirklich, wahr	14
zhèr	hier, hierher	9
zhèr de	hiesig	15
zhǐ	Papier	7
zhǐ	nur	12
zhíyuán	Angestellter	8
Zhōngwén	Chinesische Sprache, Chinesisch	9
zhōngxué	Höhere Schule (eigentl.: Mittelschule), Gymnasium	5
zhù	wohnen	5
zhuōzi	Tisch	9
zhūròu	Schweinefleisch	15
zì	Schriftzeichen	9
zǒu	(zu Fuß) gehen, weggehen	10
zǒu lù	zu Fuß gehen	11
zuì	höchst, äußerst, am + Superlativ	14
zuì hòu	zuletzt, schließlich; letzte/-r/-s	15
zuò	sich setzen, sitzen	4
zuò	tun, machen	8
zuò chē	mit dem Auto (Fahrrad, Bus usw.) fahren	11
zuótiān	gestern	13

Eigennamen

			Lektion
B	Bái	Familienname	5
	Běijīng	Beijing (Peking)	4
C	Chángchéng	Große Mauer	4
	Chángjiāng	Changjiang (Yangtze)-Fluß	4
D	Déguó	Deutschland	3
	Dīng	Familienname	5
	Dōngmào	männlicher Rufname	5
F	Fǎguó	Frankreich	3
	Fēizhōu	Afrika	4
H	Hànsī	männlicher Rufname (für Hans)	2
	Huánghé	Huanghe (Gelber)-Fluss	4
L	Lǐ	Familienname	4
	Lín	Familienname	5
	Lìsā	weiblicher Rufname (für Lisa)	2
M	Mǎ	Familienname	4
	Mālì	weiblicher Rufname (für Maria)	5
	Měiguó	USA	3
	Měizhōu	Amerika	4
	Měizhū	weiblicher Rufname	5
N	Nìng	Familienname	5
O	Ōuzhōu	Europa	4
R	Rìběn	Japan	3
S	Shànghǎi	Shanghai	4
	Shùmín	männlicher Rufname	5
W	Wáng	Familienname	4
Y	Yàzhōu	Asien	4
	Yīngguó	England	3
Z	Zhāngwén	männlicher Rufname	5
	Zhōngguó	China	3
	Zìyáng	männlicher Rufname	5

Teil B

LEKTION 1 Einführung

A. Was man vorweg über die chinesische Schrift wissen sollte

1. Zur Entwicklung der chinesischen Schriftzeichen

Wie sich die chinesischen Schriftzeichen aus alten Zeiten bis heute fortgebildet haben, ist im Teil A (s. S. 37) zusammenfassend dargelegt worden. Hier nun ein paar Illustrationen dazu:

a) Am Beispiel der Begriffe Mond, Frau und Hund wird die historische Entwicklung der Zeichen von gegenständlicher Darstellung zu abstrakteren Formen deutlich, wie sie sich von der Orakelknochenschrift über die Bronze-, Stein-, kleine Siegel-, Modell- bis hin zur sog. Grasschrift vollzogen hat. Die Einführung des Pinsels als Schreibgerät hat bei der Fortentwicklung eine mitentscheidende Rolle gespielt. Rechts außen sehen Sie das jeweilige Zeichen in der heutigen Standardschrift.

b) An einigen weiteren einfachen Beispielen soll die Rückführbarkeit der Grundzeichen (Radikale) auf das Bild des bezeichneten Gegenstandes bzw. die gegenständliche Darstellung eines abstrakten Begriffs demonstriert werden:

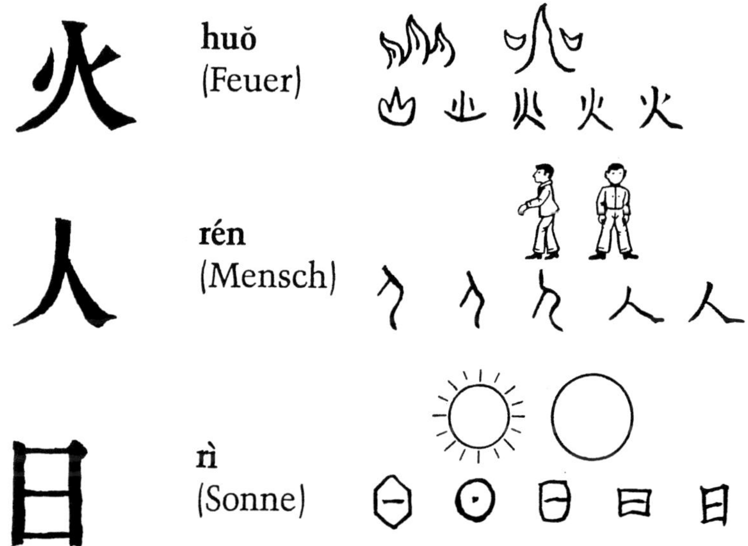

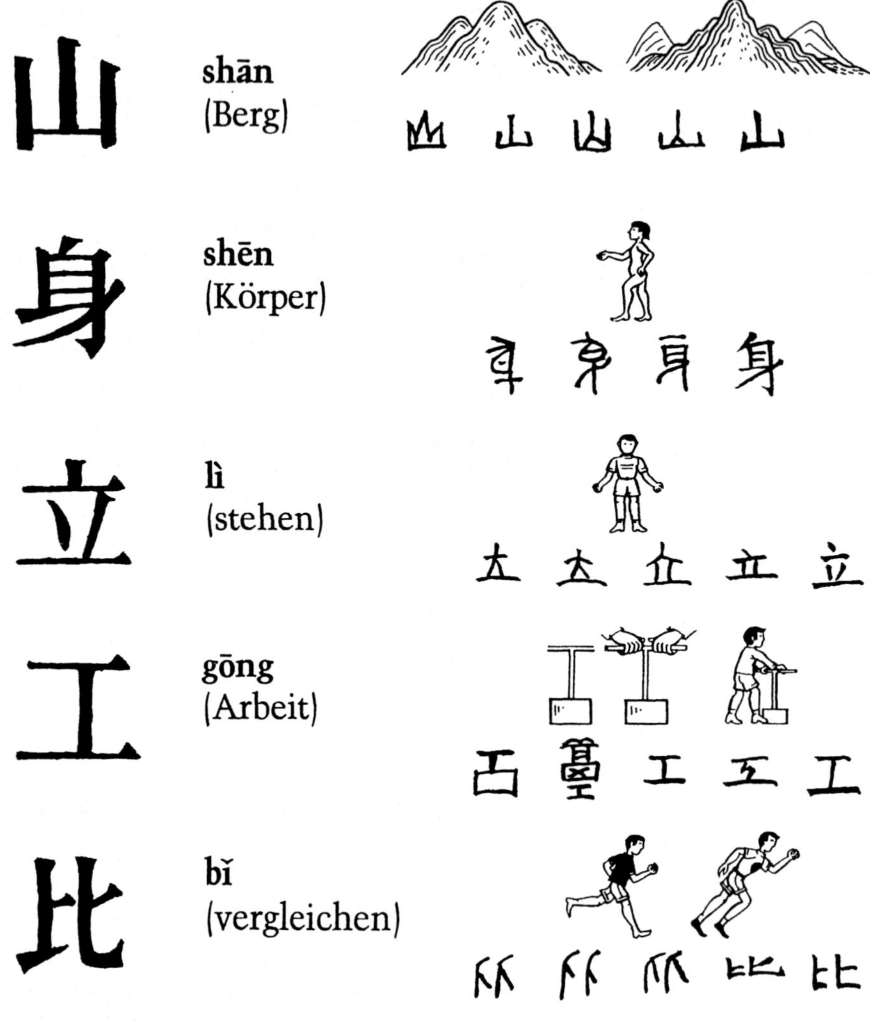

2. Zum Aufbau chinesischer Schriftzeichen - die Radikale

Die oben abgebildeten Schriftzeichen sind Grundzeichen, sog. „*Radikale*". Sie können vielfach sowohl als Schriftzeichen mit eigener Bedeutung und in selbständiger Anwendung fungieren als auch Bestandteile eines komplexeren Zeichens sein. Man nennt sie auch „Klassenzeichen", weil sie das auszudrückende Wort einem groben Bedeutungsfeld zuordnen. Begriffe etwa, die mit Holz zu tun haben, werden mit dem Radikal „Holz" geschrieben, Pflanzen und Produkte aus dem Pflanzenreich mit dem Radikal „Gras", Gefühle mit dem Radikal „Herz" usw. Jedes Schriftzeichen enthält eines dieser ca. 200 Radikale (und kann im Wörterbuch darunter nachgeschlagen werden).

Wenn ein Radikal nicht ein vollkommen selbständiges Zeichen bildet, dann ist ihm ein phonetischer oder ein ideographischer Teil hinzugefügt.

Phonetischer Zusatz bedeutet, dass das Gesamtzeichen ähnlich dem Zusatzzeichen ausgesprochen wird, ihm also die Lautung verdankt. *Ideographischer Zusatz* heißt, dass die Bedeutung des Zeichens durch das Zusatzzeichen mitbestimmt wird. Hier einige Beispiele:

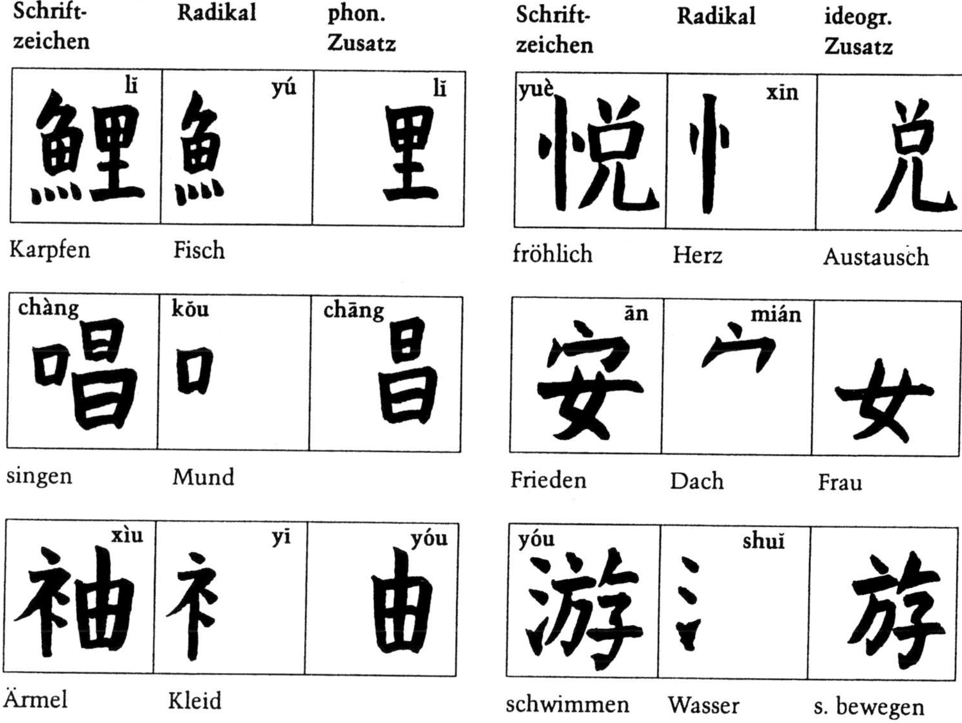

3. Zur Vereinfachung chinesischer Schriftzeichen

Die Schriftzeichenreform der fünfziger Jahre hatte sich zum Ziel gesetzt, vor allem die Zeichen mit sehr vielen Strichen zu verkürzen, um dadurch das Erlernen, das Erkennen und das Schreiben zu erleichtern. Das Ergebnis dieser Bemühungen sind die heute in der Volksrepublik gebräuchlichen sogenannten „Kurzzeichen" (Jiǎntǐzì) statt der entsprechenden „Langzeichen" (Fántǐzì).

Bei der Vereinfachung der Schriftzeichen ging man auf zweifache Weise vor. Die eine Methode bestand in der mehr oder weniger willkürlichen Reduzierung komplizierter Zeichen auf wenige Einzelstriche. Dabei machten die Zeichen häufig eine erhebliche Veränderung durch. Hier einige Beispiele:

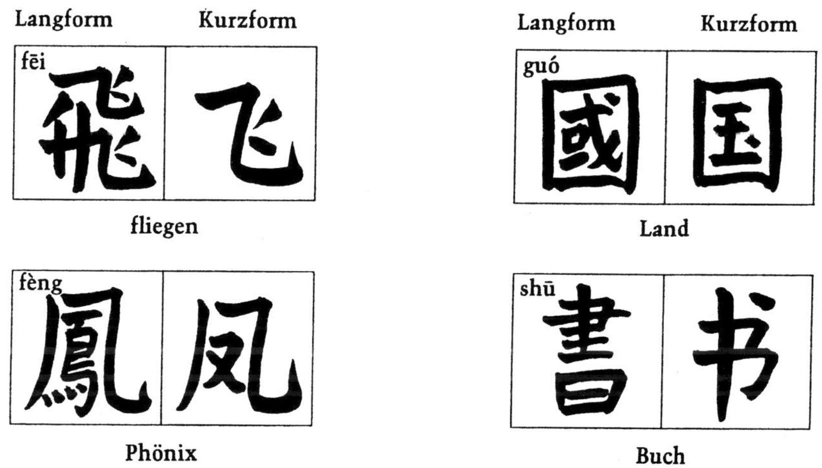

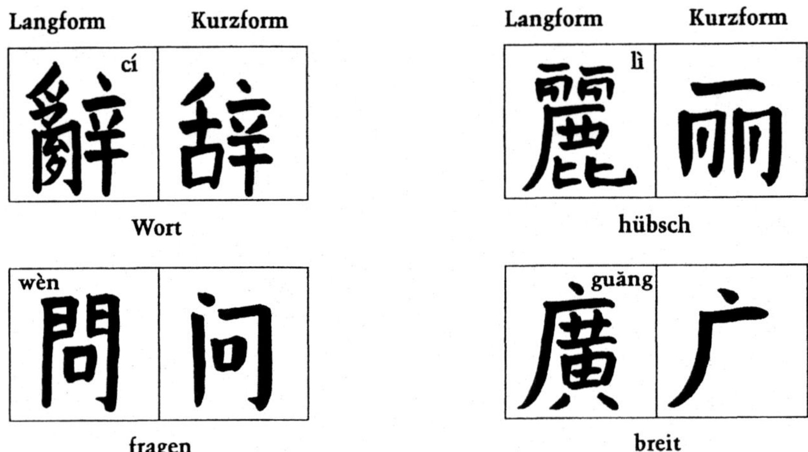

Eine zweite Art der Vereinfachung, die für eine Reihe anderer Zeichen angewendet wurde, bestand in der Standardisierung der schon seit Jahrhunderten gebräuchlichen sog. Grasschrift (Cǎoshū), durch die kursive (fortlaufende), verkürzte Schreibweise möglich ist. Auch dazu einige Beispiele:

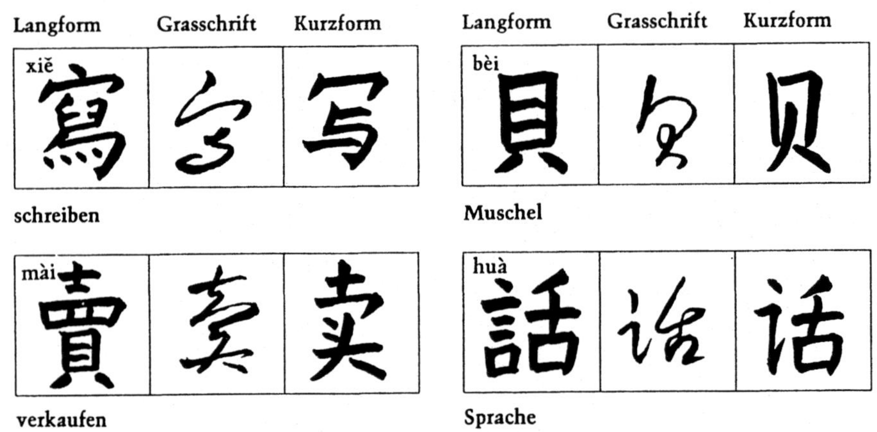

Neben den auf der Hand liegenden Vorteilen einer Vereinfachung von Schriftzeichen dürfen jedoch auch die mit ihr verbundenen Probleme nicht vergessen werden. Je größer nämlich die Entfernung eines Zeichens von seinem Bildwert ist, desto mehr verliert es seine unmittelbare Signalwirkung, desto schwieriger ist es auch, es sich zu merken. Aus diesem Grund sind früher einmal geplante noch weiter gehende Verkürzungen nicht mehr durchgeführt worden. In der Tat ist es schon heute so, dass mit den Kurzzeichen nicht vertraute Chinesen (von außerhalb der Volksrepublik) diese neuen Zeichen häufig nicht entschlüsseln können. Allerdings sind keineswegs alle gebräuchlichen Schriftzeichen vereinfacht worden. Vor allem die weniger komplizierten haben ihre alte Gestalt behalten.

4. Zur Anzahl chinesischer Schriftzeichen

Die Anzahl der existierenden chinesischen Schriftzeichen ist nicht mit letzter Genauigkeit zu nennen. Viele von ihnen sind lediglich Schreibvarianten ohne eigene Bedeutung. Zählt man diese hinzu, kommt man auf eine Zahl von über 50 000 Zeichen. Nicht wenige davon kommen lediglich irgendwo einmal in der klassischen Literatur vor, ohne Bedeutung für den Nichtwissenschaftler. In der Volksrepublik werden heute noch ca. 8000 Schriftzeichen benötigt. In den Tageszeitungen bemüht man sich allerdings, mit wesentlich weniger auszukommen. Wer zwischen 2500 bis 3000 Zeichen beherrscht, hat einen passablen Bildungsstand aufzuweisen.

5. Zur Schreibweise chinesischer Schriftzeichen

a) Die Pinselschrift

Wer die gedruckten chinesischen Schriftzeichen aufmerksam betrachtet, kann feststellen, dass ihnen eine Schreibweise zugrunde liegt, die nur mit einem Pinsel, dem traditionellen Schreibgerät der Chinesen, durchzuführen ist. Die Fähigkeit, stilgerecht mit dem Pinsel umzugehen, ist in China seit jeher Bestandteil des Schreibunterrichts gewesen. Die den Schriftzeichen innewohnende Ästhetik hat schon früh zu einer eigenen Kunstrichtung, der Kalligraphie oder Schönschreibkunst, geführt.

Heute ist der Schreibpinsel im Alltag ebenso ungebräuchlich wie der Federkiel bei uns, die Schreibweise mit Kugelschreiber und Bleistift problemloser, aber auch weniger ausdrucksstark. Dennoch spielen harmonischer Aufbau, Strichfolge und Stiftführung nach wie vor eine große Rolle.

b) Die Grundstriche

Das chinesische Schriftzeichen besteht aus einzelnen Strichen, von denen es mehr als 30 verschiedene gibt. Im Folgenden nun eine Zusammenstellung der meisten von ihnen mit Angabe der Schreibrichtung und zwei Zeichenbeispielen, in denen der jeweilige Strich vorkommt:

Strich	Schreibrichtung	Beispiele		Strich	Schreibrichtung	Beispiele	
㇔	↘	六	不	㇐	→	这	是
㇒	↙	夭	毛	㇖	↘	你	字
㇀	↗	汉	才	㇇	↙	多	汉
㇐	→	十	我	㇆	↓	月	习
㇏	↘	八	大	乙	↺	九	吃

Strich
Schreibrichtung
Beispiele
吗 号
这 进
那 都
下 车
水 对
了 好
很 长
忙 世
山 画
Strich
Schreibrichtung
Beispiele
儿 他
我 钱
心 息
人 友
么 去
女 巡
四 念
也 他
说 计

c) Umriss und Gestaltung

Bei der Gestaltung des chinesischen Schriftzeichens ist auf Folgendes zu achten:

➢ Die verschiedenen Komponenten (einschließlich des Radikals), aus denen die meisten Zeichen zusammengesetzt sind, müssen in einem harmonischen Verhältnis und in der richtigen Größenordnung zueinander angeordnet sein. Die drei Grundformen der Komponentenanordnung sind:

- eine Komponente über der anderen

Beispiele:

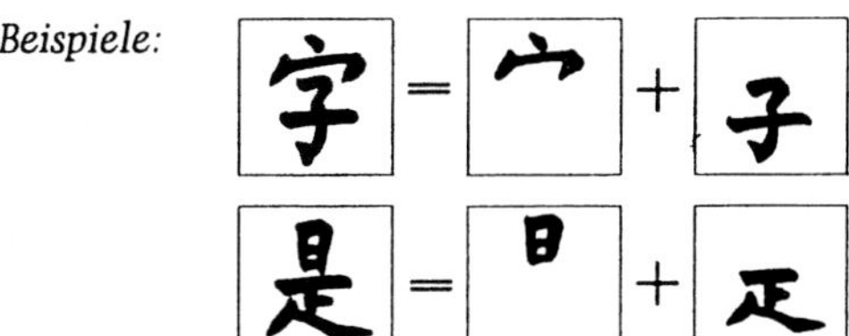

- zwei Komponenten nebeneinander

Beispiele:

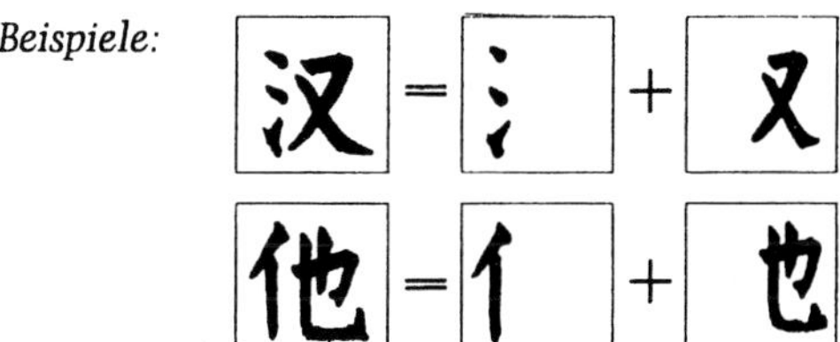

- eine Komponente von der anderen umschlossen

Beispiele:

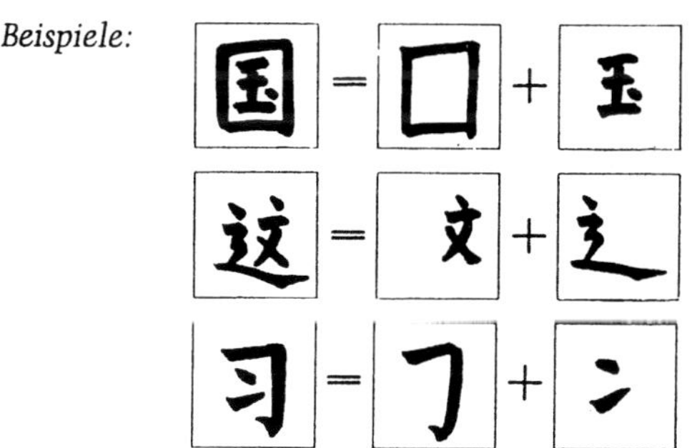

Viele Schriftzeichen bestehen aus mehr als zwei Komponenten:

Beispiele:

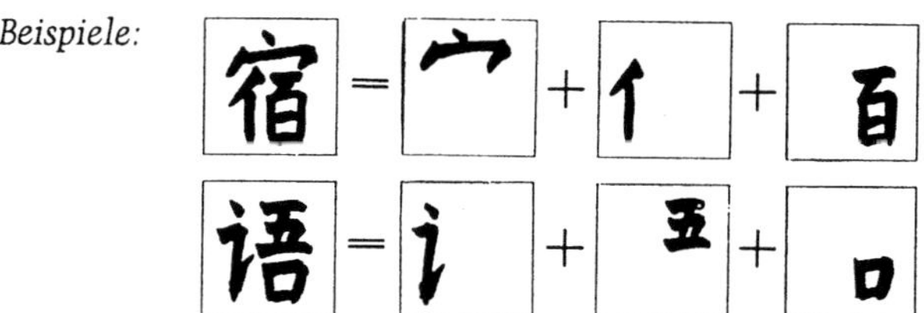

➢ Die Umrisse eines Zeichens sollen in etwa einem Quadrat entsprechen, d.h. ein Schriftzeichen soll sich ausgewogen in ein Quadrat platzieren lassen.

➢ Das einzelne Zeichen im Text soll die gleichen Maße wie die übrigen Zeichen sowie gleichmäßigen und unmissverständlichen Abstand von den Nachbarzeichen aufweisen.

d) Regeln der Strichfolge

Um im Chinesischen zu einer flüssigen Schreibweise zu gelangen, ist es nicht nur notwendig, die Schreibweise jedes Striches zu kennen, sondern auch die richtige Strichfolge im Schriftzeichen zu beherrschen. Im Folgenden lernen Sie die wichtigsten Grundregeln der Strichfolge anhand von Beispielen:

Beispiel	Strichfolge								Regel
三	一	二	三						von oben nach unten
八	丿	八							von links nach rechts
十	一	十							waagerechter vor kreuzendem Strich
问	丨	丶丨	门	门一	门口	问			von außen nach innen
国	丨	冂	冂一	冃	冂王	冂玉	国 (ohne Abschlußstrich)	国	innen vor dem Abschlußstrich
父	丿	八	八丿	父					linksgerichteter vor rechtsgerichtetem Strich
小	亅	亅丿	小						Mitte vor den zwei Seiten

Als generelle Schreibrichtung lässt sich *„von links oben nach rechts unten“* angeben. Die Regeln der Strichfolge basieren auf den Erfahrungen vieler Generationen von Kalligraphen und garantieren ein möglichst flüssiges und zeitsparendes Schreiben der Schriftzeichen.

Wo es in der Praxis individuelle Abweichungen von der Regel gibt, können sich diese nur auf wenige Einzelfälle und Details beziehen. Die Beachtung der Strichfolge ist auch für den Gebrauch von Zeichenlexika wichtig.

B. Zur Darstellung in den Lektionen

Bei der Vorstellung der Schriftzeichen in den folgenden Lektionen werden im linken Kasten neben den vollständigen Zeichen jeweils die Radikale (links unten) und die Anzahl der Striche (rechts unten) angegeben. Im Mittelblock finden Sie die traditionelle Schreibweise des Zeichens (links oben) sowie die Pinyin-Umschrift und die deutsche Übersetzung. Im rechten Teil wird die korrekte Strichfolge demonstriert.

Vergewissern Sie sich aber, wenn Sie unsicher sind, zusätzlich der regelgemäßen Schreibrichtung der einzelnen Striche anhand der Tabelle im Kapitel 5 b oder indem Sie Ihren Lehrer fragen! In jeder Lektion werden neben den Lese- und Schreibübungen die in den Schriftzeichen erstmalig vorkommenden Radikale vorgestellt. (Es wurde dabei auf das Radikalensystem des „Xīnhuá zìdiǎn“, des meistbenutzten Wörterbuchs Chinas, zurückgegriffen.)

C. Fragen zum Einführungstext

1. Welches Schreibgerät war für die Entwicklung der chinesischen Schriftzeichen prägend?
2. Was ist ein Radikal?
3. Was bedeutet *phonetischer*, was *ideographischer* Bestandteil?
4. Worin liegen die Vorteile, worin die Nachteile der in der Volksrepublik China durchgeführten Vereinfachung der Schriftzeichen?
5. Schätzen Sie, wie viele Schriftzeichen man passiv beherrschen muss, um eine chinesische Tageszeitung flüssig lesen zu können!
6. Wie viele Grundstriche gibt es ungefähr?
7. Nennen Sie die drei Grundformen der Komponentenanordnung!
8. Wie verläuft die generelle Schreibrichtung?
9. Welche Einzelregeln zur Strichfolge haben Sie behalten?

D. Schreibübung

Kopieren Sie folgende Grundstriche! Beachten Sie die korrekte Strichrichtung!

LEKTION 2

Erste Schriftzeichen

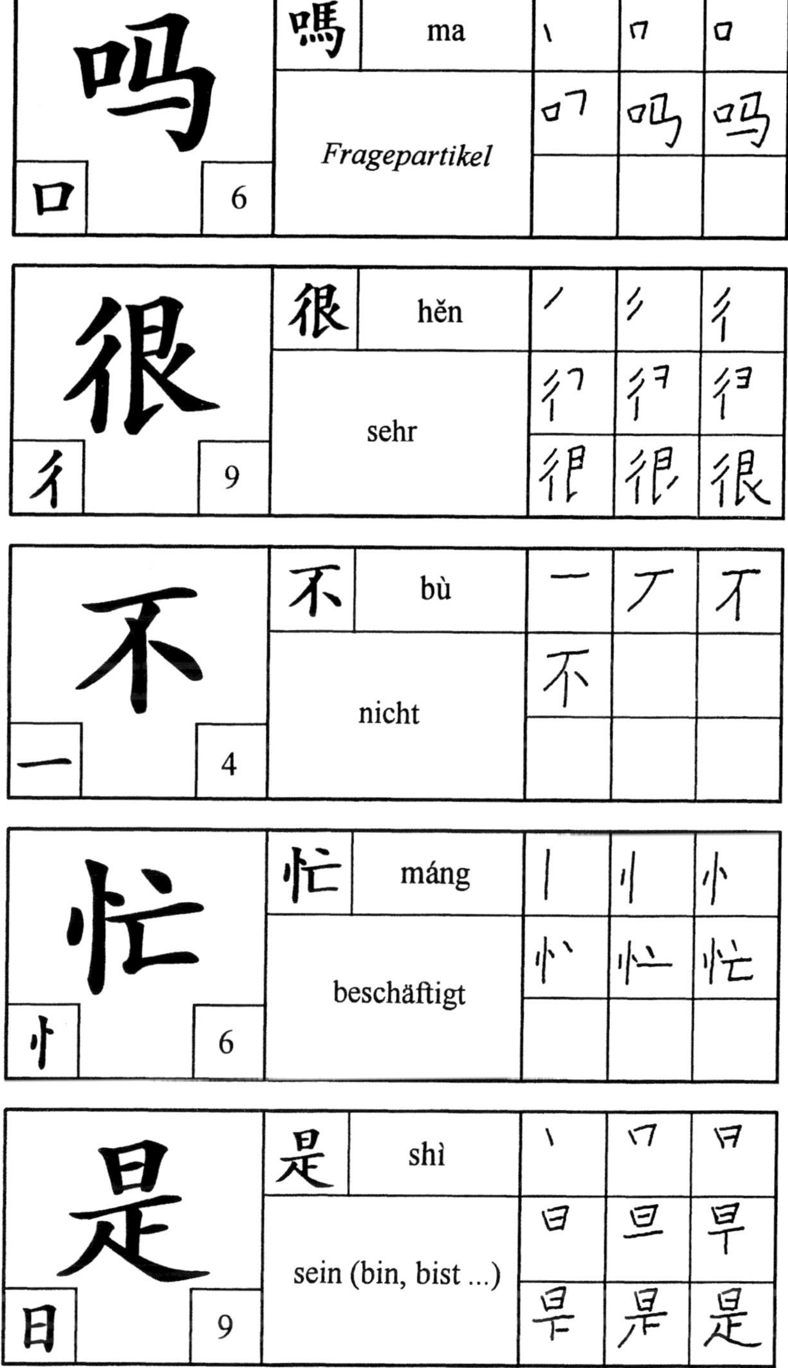

吗
嗎
ma
Fragepartikel
口
6
很
很
hěn
sehr
彳
9
不
不
bù
nicht
一
4
忙
忙
máng
beschäftigt
忄
6
是
是
shì
sein (bin, bist ...)
日
9

Erste Radikale

戈 (gē) Lanze, Speer, Streitaxt

亻 (rén) stehender Mann

女 (nǚ) Frau

口 (kǒu) Mund

彳 (chì) vorwärtsschreiten

一 (yī) eins

忄=心 (xīn) Herz

日 (rì) Sonne

Übungen

Lesen und übersetzen Sie:

1. 你好吗?

2. 我很好。你 ne?

3. 我 yě 很好。

4. Zhè 是我 péngyou Lìsā。

5. 你们忙吗?

6. 我不忙。

7. 他是我好 péngyou。

8. 你 bàba 忙不忙?

9. 他不是我 dìdi。

10. Zhè 是你 de chē 吗?

11. 他们不很好。

12. 你 gēge, 你 dìdi 好吗?

13. 他们 dōu 不忙。

14. 你们是 Déguó rén, 是不是?

15. 他们 dōu 很 kèqi。

Kopieren Sie folgende Grundstriche! Beachten Sie die korrekte Strichrichtung!

乛											
㇁											

Kopieren Sie folgende Radikale!
Beachten Sie die korrekte Strichfolge und -richtung!

戈					
亻					
女					
口					

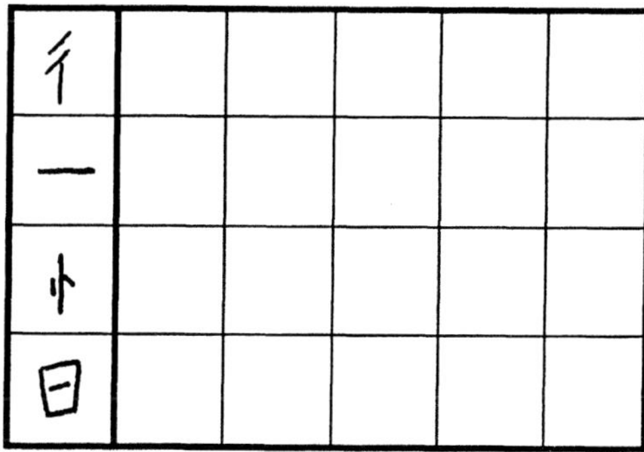

Kopieren Sie die Schriftzeichen!
Beachten Sie die korrekte Strichfolge und -richtung!

我					
你					
他					
们					
好					

吗					
很					
不					
忙					
是					

Setzen Sie in Schriftzeichen:

1. Nǐmen hǎo ma?
2. Hěn hǎo.
3. Tāmen hěn máng, shì bu shì?
4. Shì. Nǐmen máng ma?
5. Wǒmen bù hěn máng. Wǒmen hǎo.

LEKTION 3

Neue Schriftzeichen

爸
爸
bà
Vater
父
8
妈
媽
mā
Mutter
女
6
的
的
de
besitzanzeigende Partikel
白
8
车
車
chē
Fahrzeug
车
4
书
書
shū
Buch
丨
4

Neue Radikale

丨	(gǔn) Stab, senkrechter Strich	辶=辵	(chuò) hinaufgehen
阝=邑	(yì) Siedlung	父	(fù) Vater
丷=八	(bā) acht	白	(bái) weiß
		车	(chē) Fahrzeug

Übungen

Lesen und übersetzen Sie:

1. 他们都很忙。
2. 这是我妈妈。
3. 这是你的车吗？
4. 不是我的车。这是我爸爸的。
5. 我哥哥很忙。我弟弟也很忙。
6. 这是你妈妈的书吗？
7. 不是我妈妈的。是我爸爸的。
8. 你哥哥、弟弟好吗？
9. 他们都很好。你 ne？也好。
10. 我们的妈妈，爸爸都是 dàifu。
11. 你哥哥也是 dàifu 吗？不是。他是 lǎoshī。
12. 他们也都很忙。
13. 这是我弟弟的 péngyou。你好。
14. 你的书好吗？我的书很好。
15. 这是你的车吗？不是。是我哥哥的。

Kopieren Sie folgende Grundstriche!

Kopieren Sie folgende Radikale:

丨
阝
丷
辶

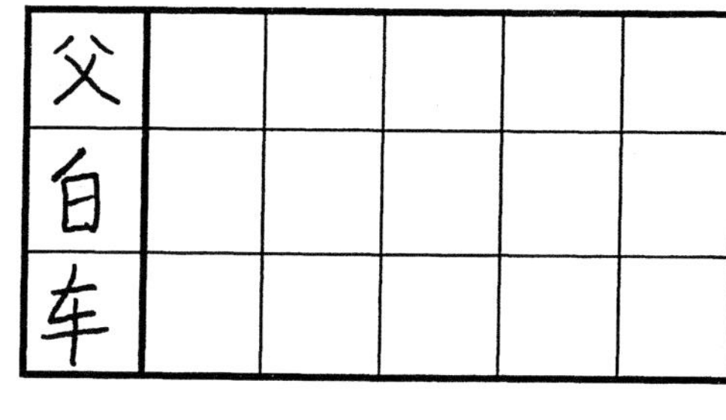

Kopieren Sie die neuen Schriftzeichen:

也
都
弟
哥
这

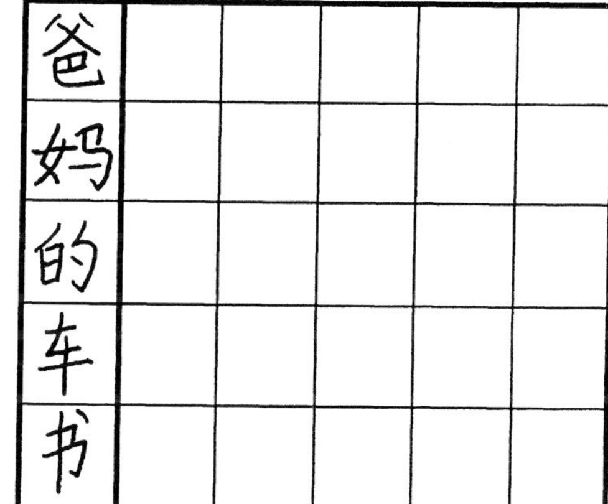

Setzen Sie in Schriftzeichen:

1. Zhè shì wǒ māma. Zhè shì wǒ bàba.
2. Nǐ dìdi hǎo ma?
3. Tāmen dōu hěn máng.
4. Zhè shì nǐ bàba de chē ma?
5. Bú shì. Shì wǒ gēge de chē.
6. Zhè shì nǐ de shū ma?
7. Shì wǒ dìdi de shū.
8. Shū dōu hěn hǎo.

LEKTION 4

Neue Schrift-zeichen

Zeichen	Radikal	Striche	Langzeichen	Aussprache	Bedeutung
那	阝	6	那	nà, nèi	jene/-r/-s
哪	口	9	哪	nǎ, něi	welche/-e/-s
朋	月	8	朋	péng	Freund
友	又	4	友	yǒu	Freund
国	口	8	國	guó	Land; *chin. Familienname*

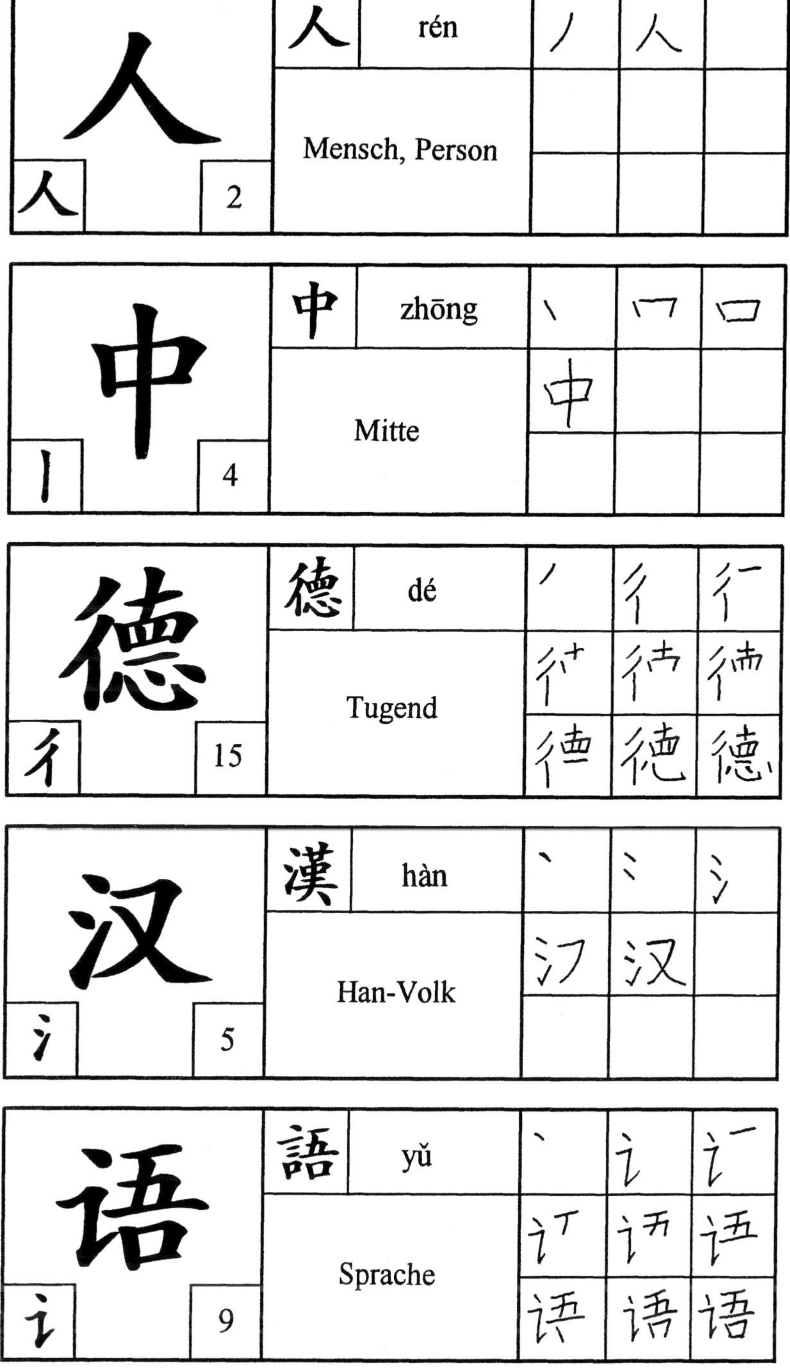

人
人
rén
Mensch, Person
人
2
中
中
zhōng
Mitte
丨
4
德
德
dé
Tugend
彳
15
汉
漢
hàn
Han-Volk
氵
5
语
語
yǔ
Sprache
讠
9

Neue Radikale 月 (yuè) Mond
又 (yòu) wieder
囗 (wéi) Einfriedung
人 (rén) Mensch
氵 (shuǐ) drei Tropfen Wasser
讠 (yán) sprechen

Übungen *Lesen und übersetzen Sie:*

1. 这是我朋友汉sī。
2. 那是汉sī 的书吗？
3. 你的 lǎoshī 是哪国人？
4. 我的 lǎoshī 不是德国人。
5. 他是汉语 lǎoshī 吗？
6. 你们的汉语 lǎoshī 是不是中国人？
7. 他不是中国人。他是Yīng国人。
8. 你弟弟是德语 lǎoshī 吗？
9. 我的中国朋友很忙。他是汉语 lǎoshī。
10. 这是很好的汉语书。是 shéi的书？
11. 他的朋友们都是中国人。
12. 你爸爸的车是哪国车？是德国车。
13. Wáng Dàifu 是哪国人？他是中国人。
14. 他朋友也是中国人吗？不是。是德国人。
15. 我妈妈的车不是 Měi国车，是中国车。
16. 那是你的书吗？不是。是我哥哥的汉语书。
17. 他的德语书也很好。
18. 那是你爸爸的中国书吗？
19. 我弟弟的朋友都很忙。
20. 那是 shéi的书？是他妈妈的汉语书。

Kopieren Sie folgende Grundstriche:

㇇											
㇏											
㇒											
㇀											
㇕											

Kopieren Sie folgende Radikale:

月											
又											
口											
人											
氵											
讠											

Kopieren Sie die neuen Schriftzeichen:

那											
哪											
朋											
友											

国											
人											
中											
德											
汉											
语											

Setzen Sie in Schriftzeichen:

1. Nǐ de péngyou shì nǎ guó rén?
2. Wǒ de péngyou shì Zhōngguó rén.
3. Nà shì nǐ de Hànyǔ shū ma?
4. Bú shì. Shì tā māma de shū.
5. Tā de chē shì hěn hǎo de Déguó chē.
6. Nǐ péngyou de Hànyǔ hěn hǎo.
7. Wǒ Zhōngguó péngyou de Hànyǔ yě hěn hǎo.
8. Nǐ gēge, dìdi de péngyou dōu shì Zhōngguó rén ma?
9. Bú shì. Tāmen dōu shì Déguó rén.
10. Tāmen de Hànyǔ hěn hǎo.

Schreiben Sie die folgenden Sätze ab, und fügen Sie dabei die fehlenden Schriftzeichen ein:

1。你哥___，弟______车都___中___车___？

2。他___朋______德___人，___是中___人。

3。我___友的汉___不___，他___第的___不___。

4。这___我______语书，___是他___。

5。你妈___，___爸___朋___都______国人？

LEKTION 5

Neue Schriftzeichen

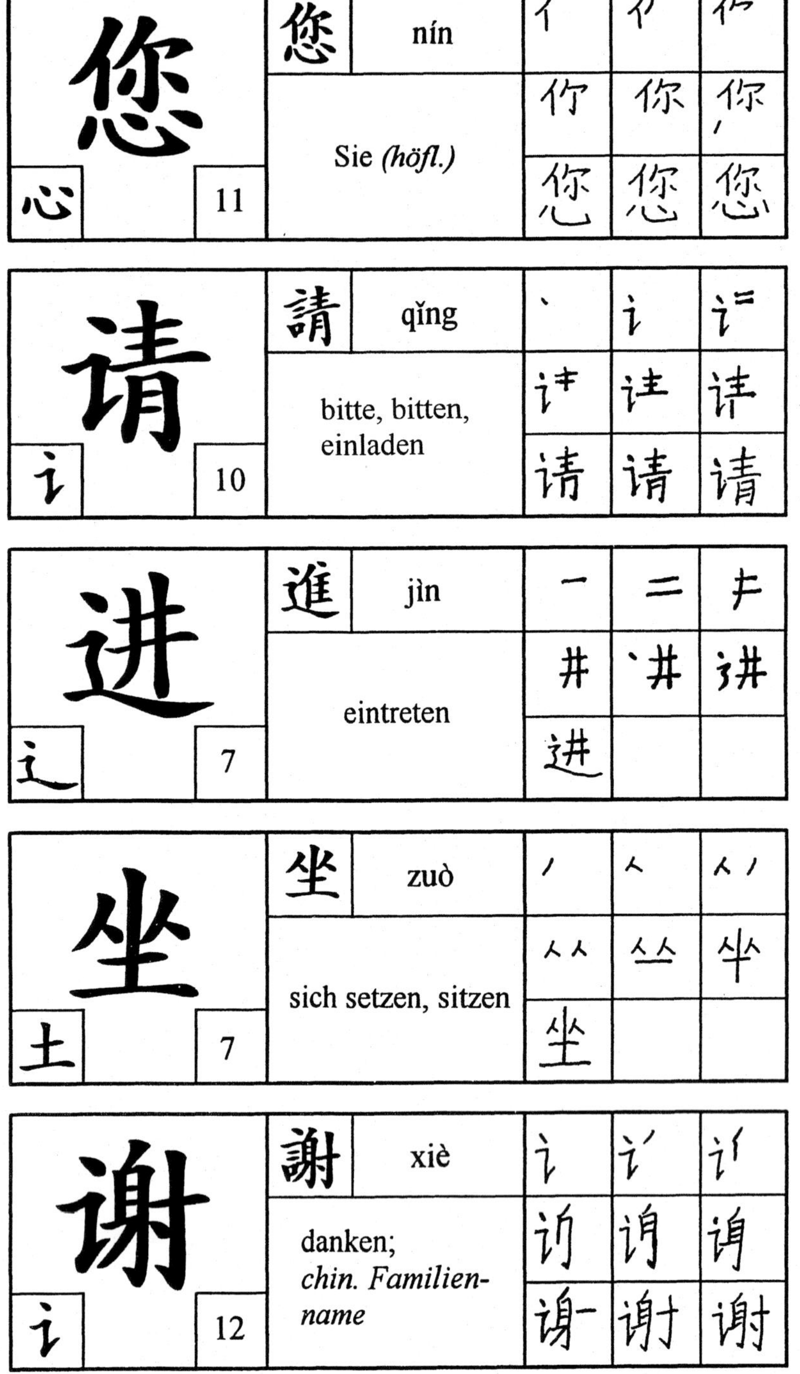

您
心
11
您
nín
Sie *(höfl.)*
请
讠
10
請
qǐng
bitte, bitten, einladen
进
辶
7
進
jìn
eintreten
坐
土
7
坐
zuò
sich setzen, sitzen
谢
讠
12
謝
xiè
danken; *chin. Familienname*

Neue Radikale 大 (dà) groß　　心＝忄 (xīn) Herz
老 (lǎo) alt　　土 (tǔ) Erde

Übungen *Lesen und übersetzen Sie:*

1. 这是我爸爸。我爸爸是大夫。
2. 那是谁？那是我妈妈。我妈妈是老师。
3. 那是我妈妈的爸爸。他很老。
4. Wáng 老师，您好。请进！谢谢您。
5. 这是我朋友汉sī。他 xuéxí 汉语。
6. 你哥哥的车很大。是哪国车？是德国车。
7. 那是谁？那是 Lǐ 大夫。他是中国人。
8. 他爸爸的朋友都很老。
9. 请你们坐。谢谢您。不 kèqi。请 hē chá！谢谢。
10. 这是哪国 dìtú ？这是中国 dìtú 。
11. 中国很大。Měi国 也很大。德国不大。
12. 哥哥，弟弟都很忙。他们 wèn 你好。
13. 请 wèn，这是谁的书？是 Wáng 老师的汉语书。
14. 那是您的 dìtú 吗？不是我的 dìtú 。是我朋友的。
15. 你哥哥，弟弟的车都很大。都是 Měi国车吗？
16. 这是哪国 chá? 是中国 chá 。中国 chá 很好。
17. 那是你的老师吗？不是。是我朋友的老师。
18. 那是你爸爸的中国书吗？
19. 我弟弟的朋友都很忙。
20. 那是谁的书？是他妈妈的汉语书。

Kopieren Sie folgende Grundstriche:

㇆											
㇒											
㇄											
㇌											
㇏											

Kopieren Sie folgende Radikale:

大											
老											
心											
土											

Kopieren Sie die neuen Schriftzeichen:

大					
夫					
老					
师					
谁					

您					
请					
进					
坐					
谢					

Setzen Sie in Schriftzeichen:

1. Zhè shì wǒ péngyou. Nà shì wǒ de lǎoshī.
2. Qǐng jìn! Xièxie nín. Qǐng zuò! Xièxie.
3. Nà shì shéi de shū? Shì wǒ bàba de shū.
4. Nǐ bàba shì dàifu ma? Bú shì . Tā yě shì lǎoshī.
5. Nǐ gēge de chē hěn dà. Shì nǎ guó chē?
6. Shì Déguó chē. Nà shì hěn hǎo de chē.
7. Zhè shì wǒ māma de bàba. Tā bù máng. Tā hěn lǎo.
8. Nǐ dìdi de péngyou shì nǎ guó rén? Tā shì Zhōngguó rén.
9. Nǐmen de lǎoshī dōu shì Zhōngguó rén ma?
10. Bú shì . Wǒmen de Déyǔ lǎoshī shì Déguó rén.

LEKTION 6

Neue Schriftzeichen

Zeichen	Radikal	Striche		Aussprache	Bedeutung	Strichfolge
一	一	1	一	yī	eins	一
二	二	2	二	èr	zwei	一 二
三	一	3	三	sān	drei	一 二 三
四	口	5	四	sì	vier	丨 冂 冂 四 四
五	一	4	五	wǔ	fünf	一 丅 五 五

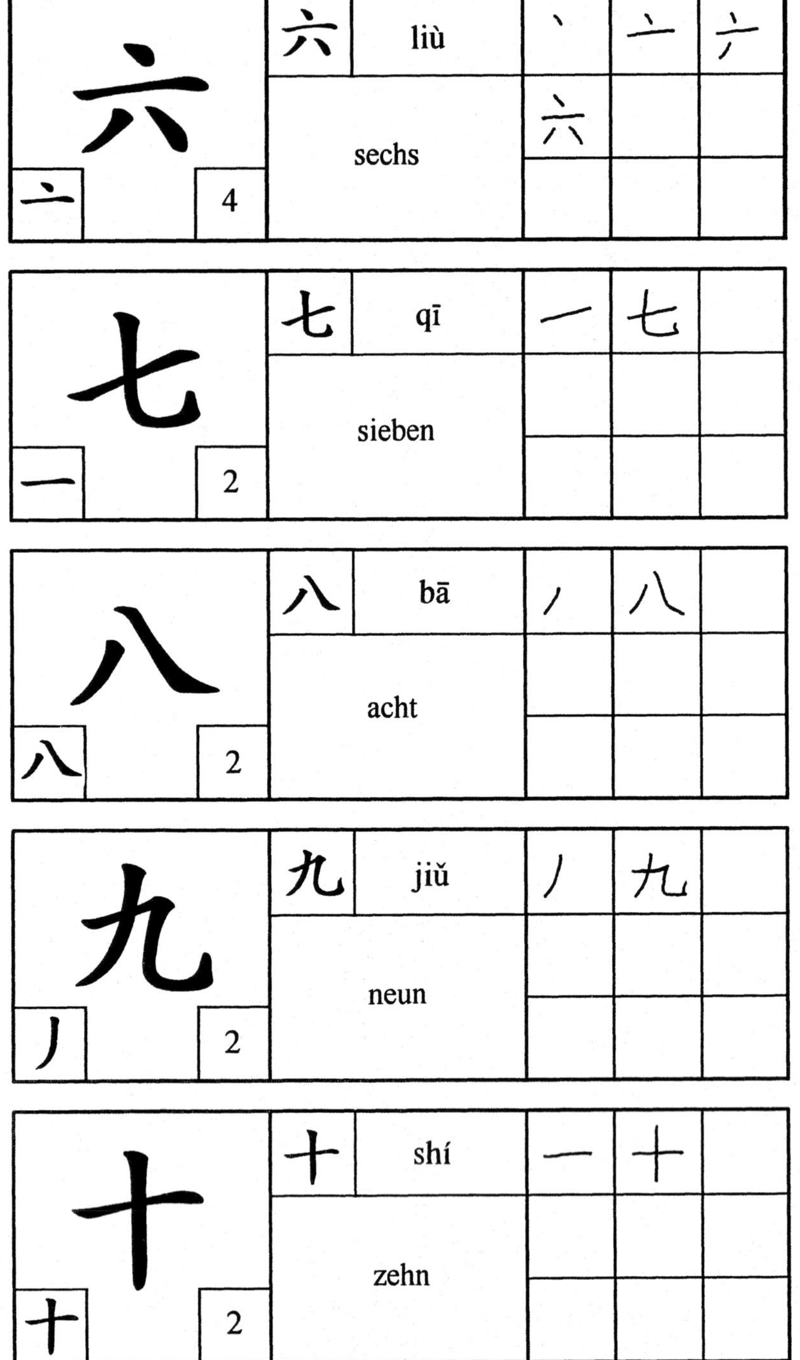
六
六
liù
sechs
亠
4
七
七
qī
sieben
一
2
八
八
bā
acht
八
2
九
九
jiŭ
neun
丿
2
十
十
shí
zehn
十
2

两
兩
liǎng
zwei *(vor ZEW)*
一
7
有
有
yǒu
haben
月
6
住
住
zhù
wohnen
亻
7
号
號
hào
Nummer (*ZEW*)
口
5
个
個
gè
allg. ZEW
人
3

Neue Radikale

二	(èr) zwei	丿	(piě) Diagonalstrich
亠	(tóu) Deckel	十	(shí) zehn
八＝丷	(bā) acht		

Übungen

Lesen und übersetzen Sie:

1. 我的中国朋友住四二五号。
2. 他有两 běn 德国书，七 běn 德国 huàbào。
3. 我弟弟也有一个中国朋友。
4. Wáng 老师请我们四个人 hē chá 。
5. 他也请五个 liúxuéshēng。他们都很谢谢他。
6. 请 wèn, 这是中国 dìtú 吗?
7. 不是中国 ，是德国 dìtú 。
8. 他的朋友住三 lóu 三九六号。
9. 我有四 běn 汉语 cídiǎn。你 yòng 哪 běn?
10. 那十个 xuésheng，都是德国人吗？
11. 不都是德国人。六个是德国人，四个是 Yīng国人。
12. 那四个中国朋友都有哥哥，弟弟吗？
13. 三个有哥哥，一个有弟弟。都是 xuésheng。
14. 那两个人是谁？一个是我的汉语老师，一个是我朋友的德语老师。
15. 你的汉语书 duō 不 duō? 我有七 běn。
16. 他的朋友请我们 hē chá 。他住 sùshè 二 lóu 二八九号。
17. 那个朋友是中国人。他很 ài shuō 德语。
18. 我妈妈，爸爸也 rènshi 他。我们 cháng 请他 hē chá 。
19. 他 wèn 我爸爸：这是你的车吗？爸爸 shuō: 是我的。
20. 妈妈 wèn 他：你住哪'r? 他 shuō: 我住 sùshè 四八七号。

Kopieren Sie folgende Grundstriche:

㇕										
㇄										
丶										
乙										
㇉										

Kopieren Sie folgende Radikale:

二										
亠										
八										
丿										
十										

Kopieren Sie die neuen Schriftzeichen:

一					
二					
三					
四					

五					
六					
七					
八					

九											
十											
两											
有											
住											
号											
个											

Setzen Sie folgende Zahlen in Schriftzeichen:

5 768 3 491 7 823 93 628 51 4446 732 748

Schreiben Sie die Zahlen von 1 bis 10 in weniger als 20 Sekunden!

Setzen Sie in Schriftzeichen:

1. Wǒ dìdi yǒu liǎng ge Zhōngguó péngyǒu.
2. Nà ge rén yǒu yí ge dìdi, sān ge gēge.
3. Tāmen de lǎoshī zhù èr wǔ jiǔ hào.
4. Nà ge lǎoshī shì Déyǔ lǎoshī.
5. Nà shí ge rén dōu shì Zhōngguó rén ma?
6. Bù dōu shì Zhōngguó rén. Liù ge shì Zhōngguó rén, sì ge shì Déguó rén.
7. Zhè shì nín de chē ma? Shì wǒ māma de.
8. Nà bā ge rén dōu shì Hànyǔ lǎoshī.
9. Tāmen shì nǎ guó rén?
10. Wǔ ge shì Zhōngguó lǎoshī, wǔ ge shì Déyǔ lǎoshī.

LEKTION 7

Neue Schriftzeichen

Zeichen	Radikal	Striche	Langzeichen	Aussprache	Bedeutung
没	氵	7	沒	méi	nicht *(vor „yǒu“ und in Sätzen mit Vergangenheitsaspekt)*
问	门	6	問	wèn	fragen
什	亻	4	甚	shén	was
么	丿	3	麼	me, ma	*Fragesilbe*
喝	口	12	喝	hē	trinken

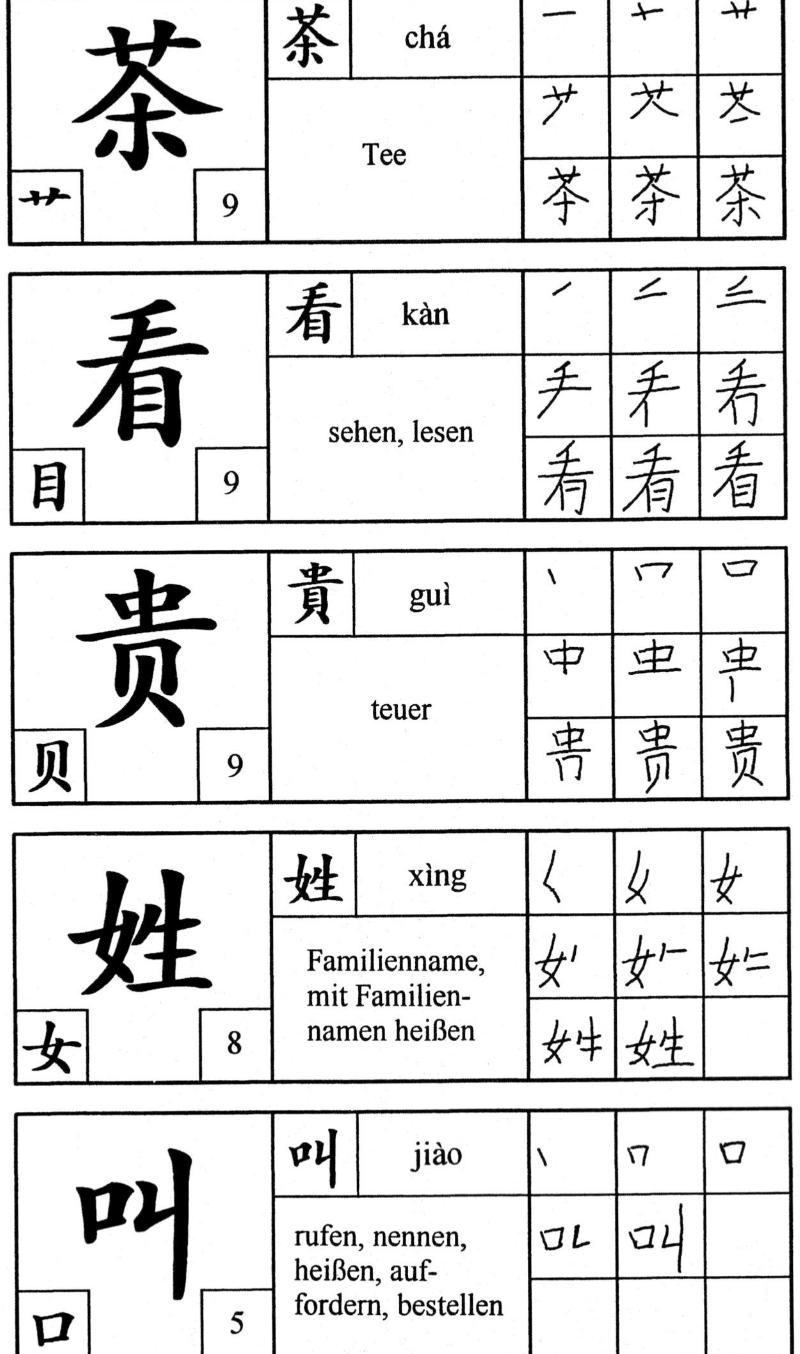
茶
茶
chá
Tee
艹
9
看
看
kàn
sehen, lesen
目
9
贵
貴
guì
teuer
贝
9
姓
姓
xìng
Familienname, mit Familien-namen heißen
女
8
叫
叫
jiào
rufen, nennen, heißen, auf-fordern, bestellen
口
5

Neue Radikale 门 (mén) Tür — 艹 (cǎo) Gras — 目 (mù) Auge — 贝 (bèi) Muschel

Übungen *Lesen und übersetzen Sie:*

1. 请问，这是什么茶？
2. 这个茶很贵吗？这个不贵，那个贵。
3. 你贵姓？我姓 Lǐ, míngzi 叫 Dōngmào。
4. 我朋友 chángcháng 看书。他 xuéxí 德语。
5. 中国人都喝茶。德国人喝 kāfēi。
6. 也有很 duō 德国人喝 píjiǔ。德国 píjiǔ 很好喝。
7. 我们的汉语老师请我们喝茶。
8. 那个中国人叫 Měizhū, 是我好朋友。
9. 他是 nǚ的，是 nán的？是 nǚ的，zài 大xué xuéxí 德语。
10. 那两个中国人姓什么？一个姓 Wáng, 一个姓 Lǐ。
11. 请进！谢谢。请坐！谢谢。请喝茶！
12. 你看什么书？是中国书吗？不是。是德国书。
13. 你有没有弟弟？我没有弟弟，有两个哥哥。
14. 你的哥哥作什么 gōngzuò? 一个是大夫，一个是 xuésheng。
15. 我爸爸叫我问你好。谢谢！请也问他好！
16. 这 běn 书很贵。我不 mǎi。
17. 老师叫我们看这 běn 书。是一 běn 汉语书。
18. 他妈妈的车很大，也很贵。
19. 他们汉语 bān 有二十七个xuésheng。老师都是中国人。
20. 他是谁？他是我的朋友。他姓 Bái。

Kopieren Sie folgende Grundstriche:

乙											
㇇											
㇜											
㇆											
㇄											

Kopieren Sie folgende Radikale:

门											
艹											
目											
贝											

Kopieren Sie die neuen Schriftzeichen:

没											
问											
什											
么											

喝											
茶											
看											
贵											
姓											
叫											

Setzen Sie in Schriftzeichen:

1. Zhōngguó rén dōu hē chá.
2. Zhè shì shénme chá? Shì Zhōngguó chá.
3. Wǒ bàba wèn nǐ hǎo. Yě wèn tā hǎo!
4. Tā xìng shénme? Shì nǎ guó rén?
5. Wǒ méi yǒu gēge. Wǒ yǒu liǎng ge dìdi.
6. Nǐ kàn, tā de chē hěn dà. Shì hěn guì de Déguó chē.
7. Lǎoshī jiào wǒ kàn shū.
8. Wǒ dìdi jiào wǒ dà gē.
9. Qǐng hē chá! Xièxie nín.
10. Qǐng wèn, zhè shì shénme shū? Shì Hànyǔ shū.

Kombinieren Sie die Schriftzeichen in den drei Kästen zu sinnvollen Sätzen:

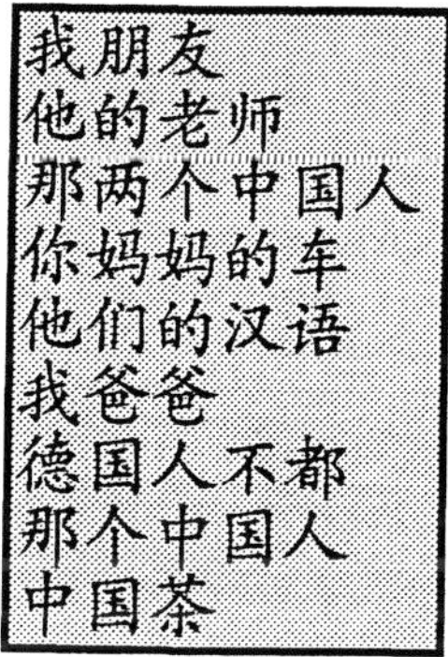

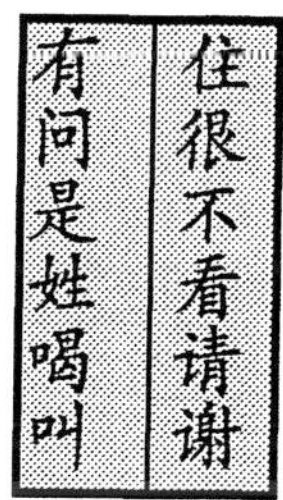

老师	哪国人
什么	你好
德国的	六号
忙	贵
他喝茶	什么书
两个哥哥	好喝
我朋友	谁
中国茶	我坐
德国书	谢

LEKTION 8

Neue Schriftzeichen

学	子	8	學	xué	lernen, studieren
习	冫	3	習	xí	lernen
生	丿	5	生	shēng	gebären, geboren werden, leben; Person
校	木	10	校	xiào	Schule
名	夕	6	名	míng	Rufname

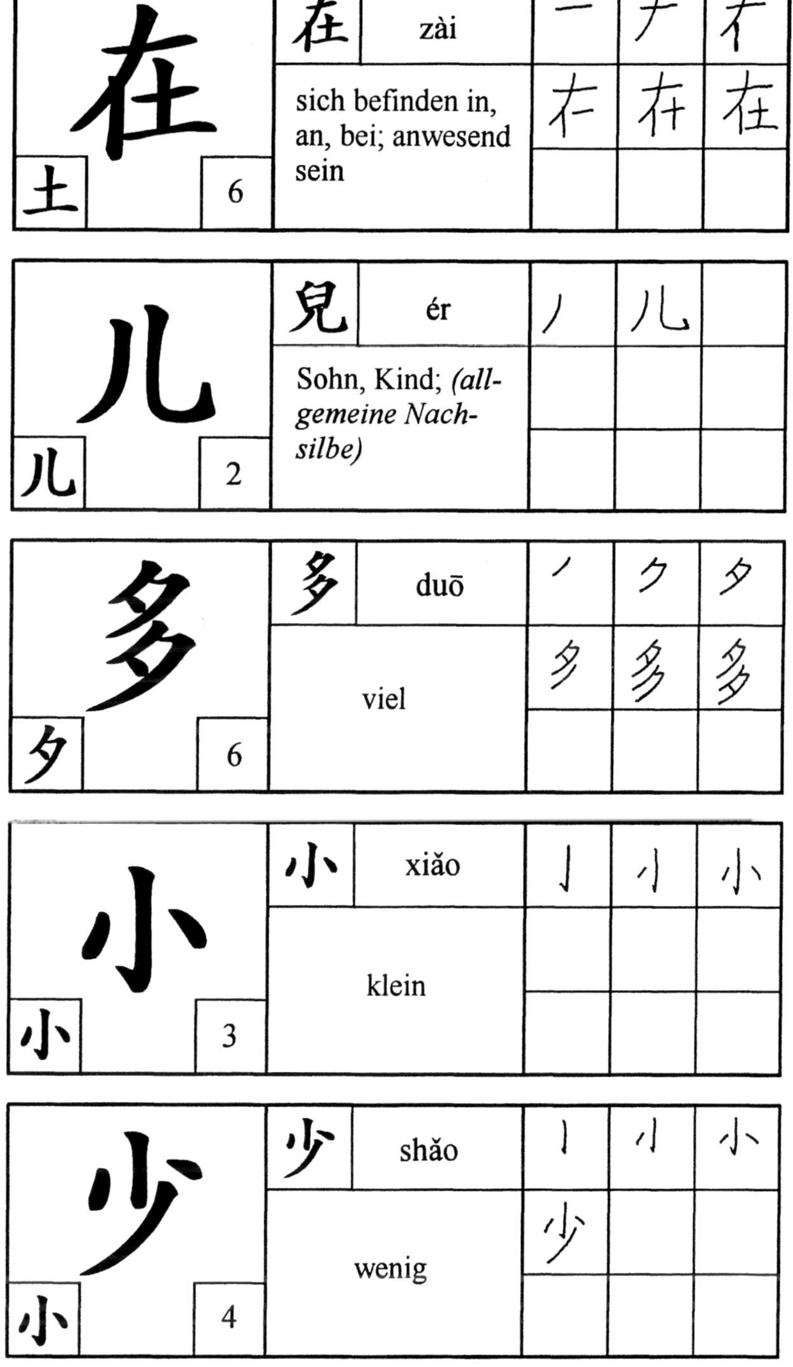
在
在
zài
sich befinden in, an, bei; anwesend sein
土
6
儿
兒
ér
Sohn, Kind; *(allgemeine Nachsilbe)*
儿
2
多
多
duō
viel
夕
6
小
小
xiǎo
klein
小
3
少
少
shǎo
wenig
小
4

Neue Radikale 子 (zǐ) Kind
冫 (bīng) Eis
木 (mù) Holz, Baum
夕 (xì) Abend
儿 (ér) Sohn, Kind
小 (xiǎo) klein

Übungen *Lesen und übersetzen Sie:*

1. 汉sī 是 Lìsā 的 nán 朋友。他学习汉语。
2. Lìsā 在学校也学习汉语。
3. 汉sī 的哥哥，弟弟也都是学生。
4. 他哥哥在大学学习德语，他弟弟是中学生。
5. 他们汉语 bān 有多少个学生？有十六个学生。
6. 他妈妈的车很小，也不贵。
7. 你贵姓？我姓 Zhōu，名zi 叫 Ānnà 。
8. 你的学校在哪儿？我的学校在 Shànghǎi。
9. 我 jiějiě 有两个 háizi, 一个儿zi, 一个 nǚ儿。儿zi 很小。
10. 我们的学校有很多学生。老师也不少。
11. 我 cháng qù 看中国朋友。我们一qǐ 看书，喝茶。
12. 你们在 chū中学汉语吗？不学。在 gāo中学习汉语。
13. 我们学校不大。学生不多。老师也很少。
14. 你贵姓？叫什么名zi? 我姓 Lǐ，名zi 叫 Mālì。
15. 你住哪儿？我住 sùshè 四 lóu 四八六号。
16. 请问，你爸爸在哪儿 gōngzuò? 我爸爸是小学老师。
17. 这是什么 dìtú? 是中国 dìtú 。 Shànghǎi 在那儿。
18. 你看，那是谁的书？是你的吗？不是，是我朋友汉sī 的。
19. 我们中学老师很多。有多少？有九十多个老师。
20. 我中国朋友都是大学生。他们在德国学德语。

Kopieren Sie folgende Grundstriche:

㇖											
㇇											
亅											
丿											
乚											

Kopieren Sie folgende Radikale:

子											
冫											
木											
夕											
儿											
小											

Kopieren Sie die neuen Schriftzeichen:

学					
习					
生					

校					
名					
在					

儿					
多					

小					
少					

Tragen Sie alle Ihnen bekannten Schriftzeichen ein, die die vorgegebenen Bestandteile enthalten:

Beispiel:

讠	语	谁	请	谢

口									
亻									
日									

Setzen Sie in Schriftzeichen:

1. Tāmen liǎng ge rén dōu xuéxí Hànyǔ.
2. Wǒ gēge, dìdi dōu shì xuésheng.
3. Nǐmen xuéxiào yǒu duōshao xuésheng?
4. Nín guìxìng? Wǒ xìng Guó.
5. Nǐ de Zhōngguó péngyou zài nǎr? Tā zài xuéxiào kàn shū.
6. Wǒmen xuéxiào de xuésheng hěn duō. Lǎoshī yě bù shǎo.
7. Tā yǒu liǎng ge nǚ'ér. Dōu shì zhōngxuésheng.
8. Nà shì shéi de shū? Shì wǒ māma de.
9. Nǐmen zài nǎr xué Déyǔ? Wǒmen zài dàxué xué Déyǔ.
10. Zhōngguó lǎoshī qǐng Déguó xuésheng hē chá.

LEKTION 9

Neue Schrift-zeichen

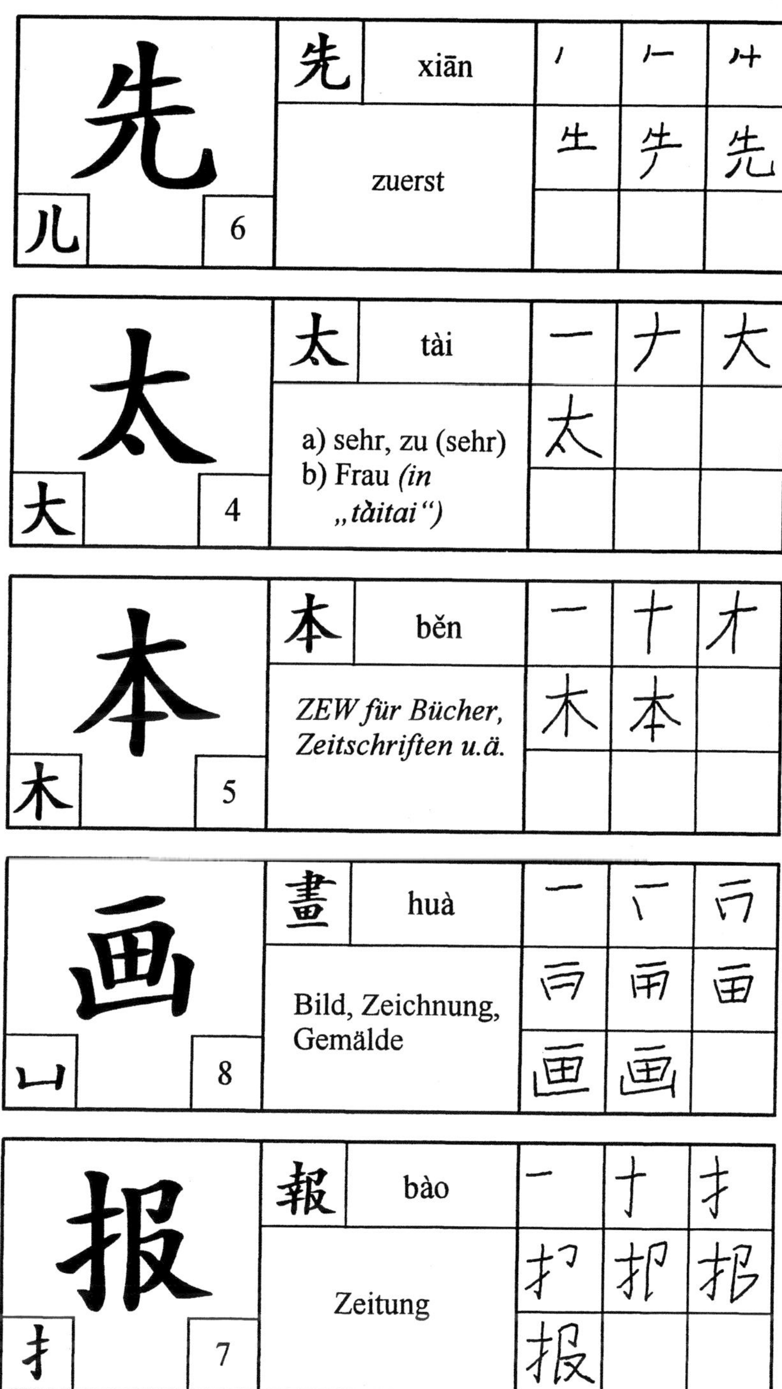

Zeichen	Radikal	Striche	Aussprache	Bedeutung
她	女	6	tā	sie *(weibl.)*
用	用	5	yòng	benutzen, brauchen, benötigen
子	子	3	zǐ	*(urspr.:)* Kind; *allg. Nachsilbe für Substantive*
常	巾	11	cháng	oft
去	土	5	qù	(hin-)gehen, fahren

Neue Radikale 凵 (jù) Grube, oben offener Kasten
扌 (shǒu) erhobene Hand
用 (yòng) benutzen, brauchen
巾 (jīn) Tuch

Übungen *Lesen und übersetzen Sie:*

1. Lǐ 太太，您好。请进！
2. Měizhū 常常去看 Lìsā。她们是好朋友。
3. 这是什么画？是德国画吗？不是。是中国画。
4. 请问，你 xiàn在不用这本书吗？Xiàn在不用。
5. 中国人常常喝茶。中国茶不太贵。
6. 你弟弟看什么报？他看德国画报。
7. 我 jiějie 问你好。谢谢。也问她好！
8. 你的中国老师有没有 hái子？他有四个 hái子。
9. 他的 hái子都在中学学德语。
10. 这本 cídiǎn 我 xiàn在不用。你用吗？
11. 那是 Wáng 先生。他很忙。他常常去 tú书 guǎn 看书，看报。
12. 这 zhāng 画是你的吗？不是我的。是 Hú 太太的。
13. 你去 Lìsā 那儿 zuò 什么？我 xiǎng 请她喝茶。
14. 他儿子的 Yīng语 不太好。他的老师姓什么？
15. 那是谁的车？是我哥哥的车。车不太大。
16. 你用这本画报吗？不用。你 ne? 我也不用。
17. 中国书，报，我弟弟都有。他学习汉语。
18. 你的中国老师姓 Zhōu，是不是？Duì le。
19. 那两本书是你的吗？不是。一本是 Hú 太太的，一本是 Zhōu 先生的。
20. 你们学校有 jǐ 个中 wén 老师？没有很多。有七个。

Kopieren Sie folgende Grundstriche:

亅											
丿											
㇆											
㇖											
㇜											

Kopieren Sie folgende Radikale:

凵											
扌											
用											
巾											

Kopieren Sie die neuen Schriftzeichen:

先					
太					
本					
画					
报					

她					
用					
子					
常					
去					

Suchen Sie (entsprechend dem Beispiel) je fünf Zeichen, die folgende Grundstriche enthalten:

Beispiel:

丨	个	校	忙	都	车
丶					
㇆					
丿					
㇇					
㇏					

Setzen Sie in Schriftzeichen:

1. Nà ge xiānsheng shì nǐ de bàba ma?
2. Bú shì wǒ bàba, shì wǒ de lǎoshī.
3. Nǐ cháng qù kàn tā ma? Wǒ bù cháng qù. Tā hěn máng.
4. Zhè shì nǐ de huà ma? Bú shì, shì wǒ māma de.
5. Zhè běn shū nǐ yòng ma? Wǒ yòng.
6. Guó tàitài, nǐ hǎo. Qǐng jìn, hē chá!
7. Zhōngguó huà guì bu guì? Zài Déguó hěn guì.
8. Méi yǒu hěn duō Zhōngguó rén kàn Déguó bào.
9. Māma qù nǎr? Tā qù xuéxiào kàn lǎoshī.
10. Wǒmen chángcháng qù tā nàr kàn Zhōngguó huàbào.

LEKTION 10

Neue Schriftzeichen

Zeichen	Langzeichen	Aussprache	Bedeutung	Radikal	Striche
女	女	nǚ	weiblich	女	3
男	男	nán	männlich	田	7
孩	孩	hái	Kind	子	9
几	幾	jī, jǐ	einige, wieviele	几	2
岁	歲	suì	*ZEW für Alter (in Jahren)*	山	6

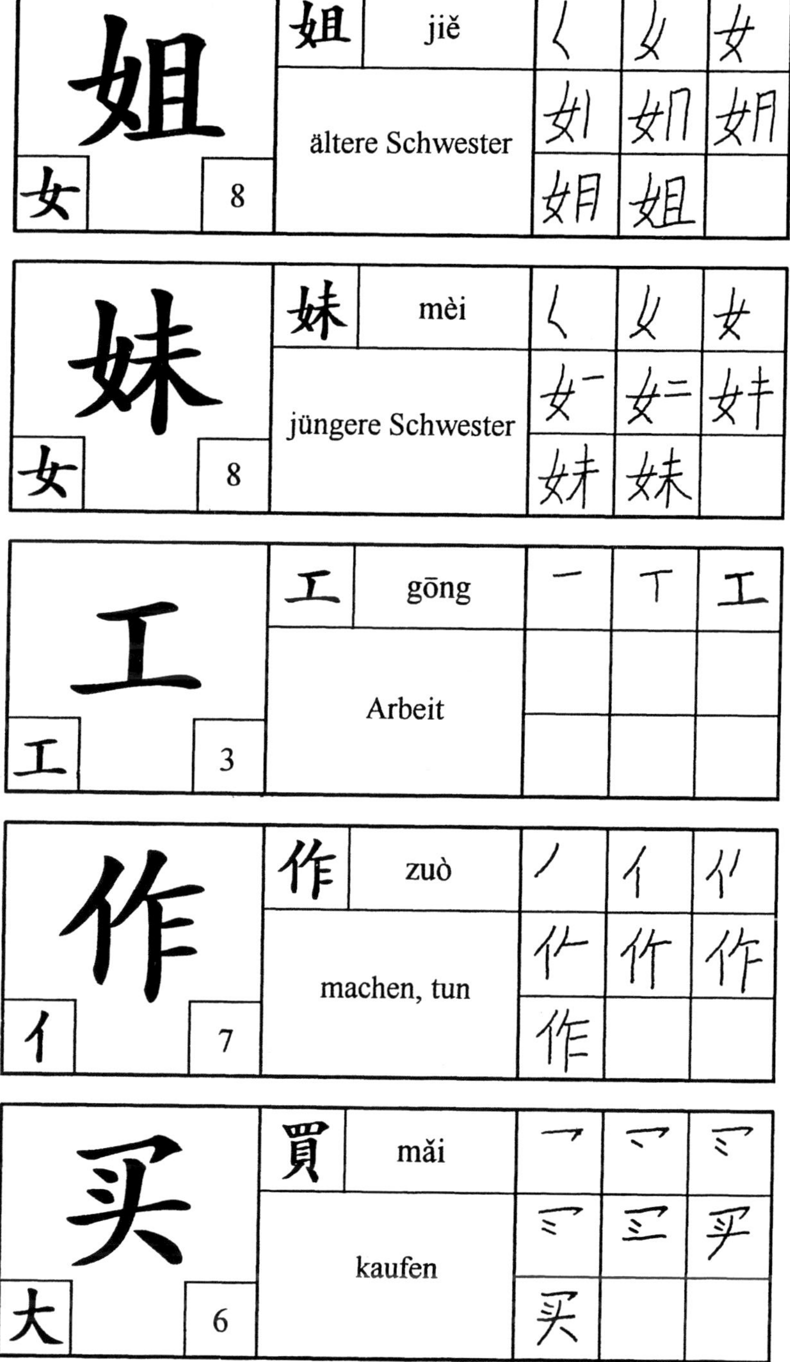

姐	姐	jiě
女 8		ältere Schwester

妹	妹	mèi
女 8		jüngere Schwester

工	工	gōng
工 3		Arbeit

作	作	zuò
亻 7		machen, tun

买	買	mǎi
大 6		kaufen

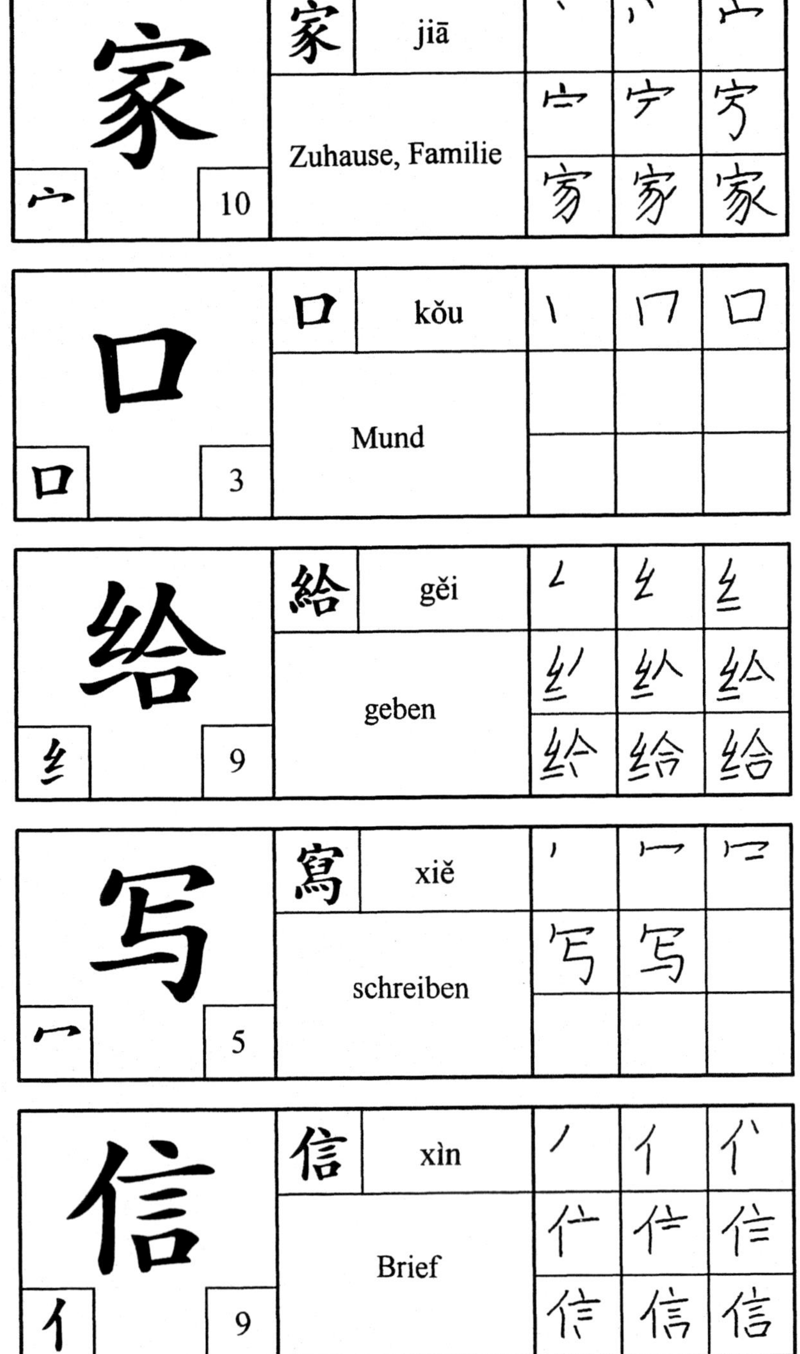

家	家	jiā	丶	丷	宀
宀 10	Zuhause, Familie		宀	宀	宀
			家	家	家

口	口	kǒu	丨	𠃍	口
口 3	Mund				

给	給	gěi	𠃋	纟	纟
纟 9	geben		纟	纟	纟
			给	给	给

写	寫	xiě	丶	冖	冖
冖 5	schreiben		写	写	

信	信	xìn	丿	亻	亻
亻 9	Brief		信	信	信
			信	信	信

Neue Radikale

田	(tián) Feld	工	(gōng) Arbeit
孑＝子	(zǐ) Kind	纟	(mì) Faden, Garn, Seide
几	(jī) kleiner Tisch	宀	(mián) Dach
山	(shān) Berg	冖	(mī) Decke

Übungen

Lesen und übersetzen Sie:

1. 我们的老师有两个孩子，一个女孩子，一个男孩子。
2. 他女儿十五岁，儿子二十四岁。
3. 你们家有几个人？有五个人：妈妈，爸爸 hé 三个孩子。
4. 你妹妹作什么工作？她是大夫。
5. 你常常给你家写信吗？我不太常写。
6. 请问，你姐姐在哪儿工作？她在学校工作。
7. 妈妈去 shāngdiàn 买茶。在中国茶不太贵。
8. 她的孩子很小。女儿六岁，儿子四岁。
9. 你的中wén 老师是女的，是男的？
10. 我中国朋友的哥哥在书diàn 工作。他有一个孩子。是男的。
11. 国先生的家有五个人。他们都问你好。
12. 我妹妹十七岁。她在中学学习汉语。
13. 我 xiǎng 买汉语书。请给我那两本！
14. Zhōu 太太有两个女儿。姐姐二十六岁，妹妹十八岁。
15. 我 ài人不常给我写信。他 fēi常忙。
16. Wáng 老师 jiāo 我们口语 hé 汉zì。
17. Lǐ 太太在家工作。她是家tíng fù 女。
18. 我在他爸爸的书diàn 买le 两本书 hé 一本画报。那三本都不贵。
19. 他的中wén fēi常好，dàn是不常用。
20. 你们的学校一gòng 有多少学生？都是男学生吗？有四bǎi九十七个学生。男的，女的，都有。

Kopieren Sie folgende Grundstriche:

㇛											
乙											
亅											
㇌											

Kopieren Sie folgende Radikale:

田											
子											
几											
山											
工											
纟											
宀											
冖											

Kopieren Sie die neuen Schriftzeichen:

女					
男					
孩					

几					
岁					
姐					

妹					
工					
作					
买					
家					

口					
给					
写					
信					

Tragen Sie alle Ihnen bekannten Schriftzeichen ein, die die vorgegebenen Bestandteile enthalten:

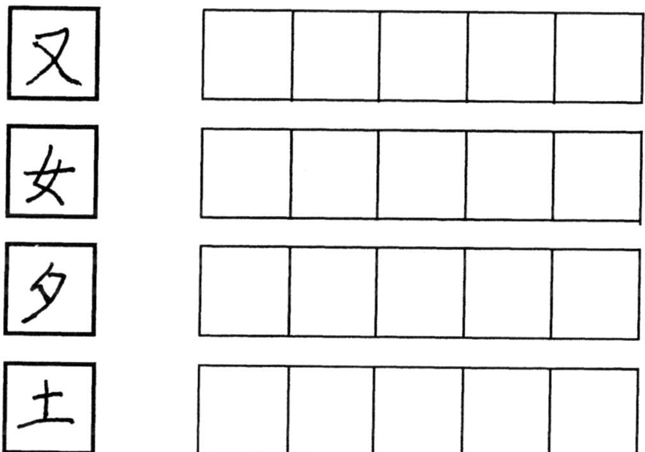

Setzen Sie in Schriftzeichen:

1. Tā yǒu liǎng ge háizi. Dōu shì nǚ háizi.
2. Jiějie èrshíliù suì, mèimei shíqī suì.
3. Wǒ jiějie de nán péngyǒu zài xuéxiào gōngzuò.
4. Tā shì lǎoshī. Tā chángcháng kàn shū.
5. Qǐng gěi wǒ nà liǎng běn shū!
6. Wǒ mèimei gěi wǒ xiě xìn. Tā wèn nǐ hǎo.
7. Wǒmen zài xuéxiào xuéxí Hànyǔ kǒuyǔ.
8. Nǐmen jiā yǒu jǐ ge rén? Yǒu sì ge rén.
9. Zhè běn huàbào wǒ bù mǎi. Tài guì.
10. Tā de gōngzuò hěn duō. Tā hěn máng.

LEKTION 11

Neue Schriftzeichen

Zeichen	Radikal	Striche	Langzeichen	Aussprache	Bedeutung
了	㇇	2	了	le	*Satzpartikel bzw. Aspektsuffix*
来	一	7	來	lái	kommen
从	人	4	從	cóng	von ... (her)
回	口	6	回	huí	zurück, zurückgehen
和	禾	8	和	1. hé 2. huò	1. und, mit 2. mischen

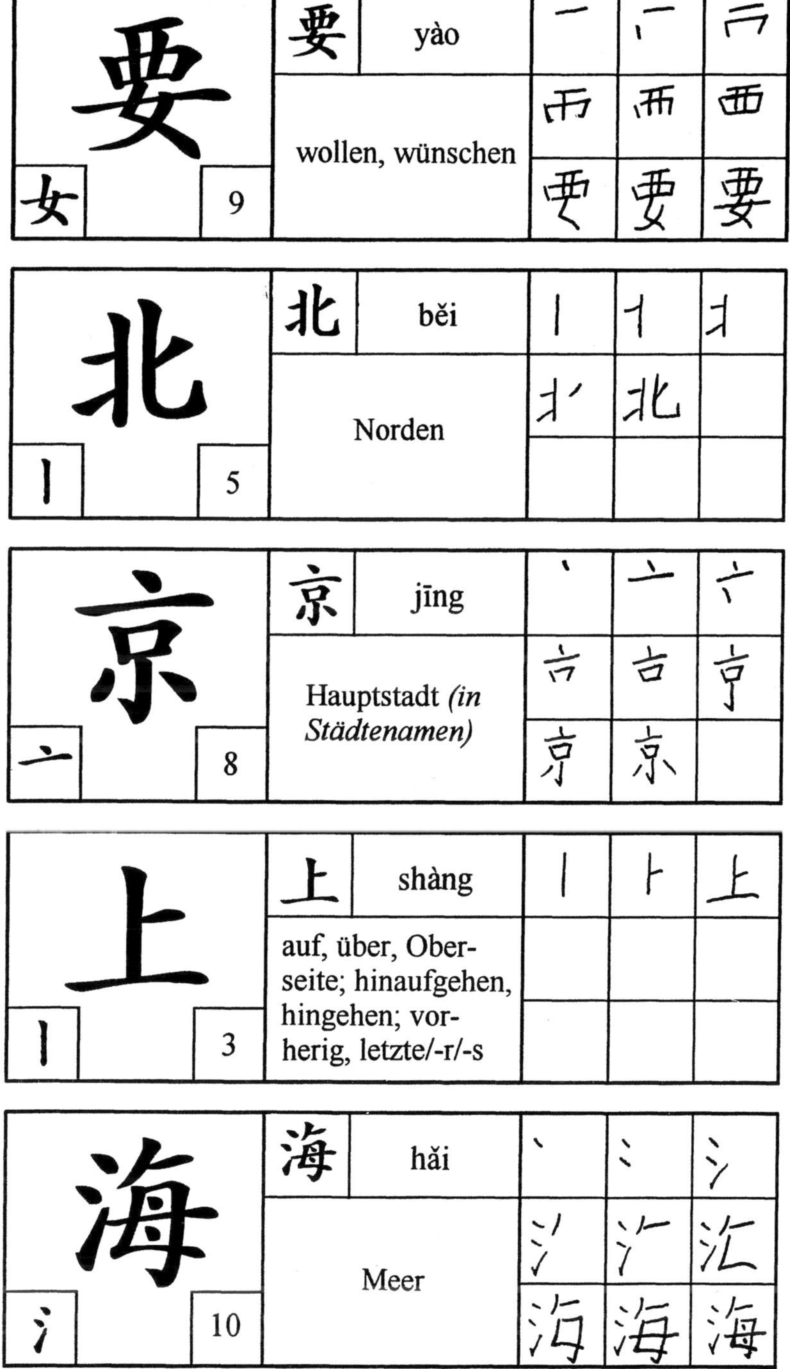
要
要
yào
wollen, wünschen
女
9
北
北
bĕi
Norden
丨
5
京
京
jīng
Hauptstadt *(in Städtenamen)*
亠
8
上
上
shàng
auf, über, Oberseite; hinaufgehen, hingehen; vorherig, letzte/-r/-s
丨
3
海
海
hăi
Meer
氵
10

Neue Radikale ㇇＝乙＝乛＝乚 (yī) Sichel 禾 (hé) Getreide

Übungen *Lesen und übersetzen Sie:*

1. 我姐姐从北京回来了。我们家在那儿。
2. 你哥哥在上海工作吗？ Duì 了.
3. 我请你来我们家喝茶。你要不要来？
4. 妈妈，爸爸和我弟弟都要来上海看我。
5. 你从哪儿来？我从北京来。
6. 你在上海要作什么？我要看好朋友。
7. 我哥哥在北京大学学习德语。
8. 那是你姐姐吗？不是，我姐姐 hái 没来。
9. 那是谁？那是我好朋友。她在上海工作。
10. 北京大学 tú 书guǎn 的书很多。在那儿 kěyǐ 看书，也 kěyǐ jiè 书。
11. 他家有四个人：妈妈，爸爸，姐姐和妹妹。
12. 他们家在北京。Dàn是姐姐不住在那儿。
13. 姐姐和他的 aì人住在上海。他们有两个孩子。
14. 他们的女儿要来北京看我们。
15. 她十六岁。在中学学 Yīng语口语和语fǎ。
16. 国太太的儿子上北京大学。她的女儿在德国学德语。
17. 我的中国朋友要回北京去。
18. 他常常给妈妈，爸爸和妹妹写信。
19. 上海大学的 tú 书guǎn 很大。很多学生去那儿看书。
20. 他家的人都在北京工作。他们都不要回来。

Kopieren Sie folgende Grundstriche:

㇇											
丿											
㇒											
㇗											
㇄											

Kopieren Sie folgende Radikale:

乛											
乙											
禾											
女											
氵											

Kopieren Sie die neuen Schriftzeichen:

了											
来											
从											
回											
和											

要											
北											
京											
上											
海											

Suchen Sie je fünf Zeichen, die folgende Grundstriche enthalten:

乛					
㇄					
㇟					
㇏					

Setzen Sie in Schriftzeichen:

1. Tāmen jiā zài Běijīng. Jiějie zài Shànghǎi gōngzuò.
2. Wǒ péngyou cóng Běijīng huí lái le. Tā jiā zài nàr.
3. Nǐ yào bu yào lái wǒmen jiā hē chá?
4. Yǒu hěn duō péngyou yě yào lái.
5. Gēge, dìdi hé mèimei dōu zài Shànghǎi dàxué xué Déyǔ.
6. Tā de nán péngyou bú yào lái. Tā tài máng.
7. Wǒ māma qù Běijīng kàn dàifu.
8. Bàba gěi wǒ xiě xìn. Tā qǐng wǒ huí jiā.
9. Wǒ nǚ péngyou cóng xuéxiào huí lái le.
10. Xiè xiānsheng zài Shànghǎi mǎile liǎng běn shū.

LEKTION 12

Neue Schriftzeichen

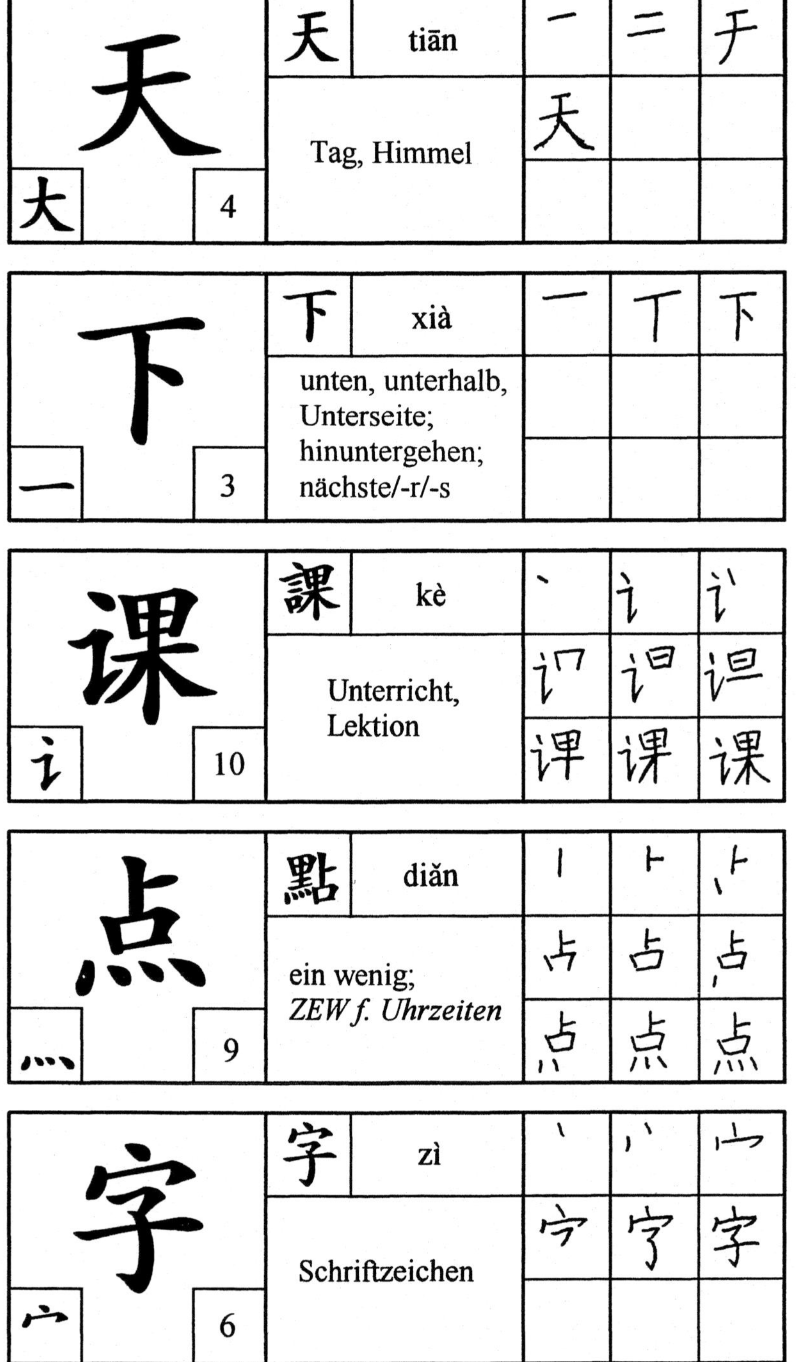

Zeichen	Radikal	Strichzahl	Langzeichen	Pinyin	Bedeutung
天	大	4	天	tiān	Tag, Himmel
下	一	3	下	xià	unten, unterhalb, Unterseite; hinuntergehen; nächste/-r/-s
课	讠	10	課	kè	Unterricht, Lektion
点	灬	9	點	diǎn	ein wenig; *ZEW f. Uhrzeiten*
字	宀	6	字	zì	Schriftzeichen

Neue Radikale 灬 = 火 (huǒ) Feuer

Übungen *Lesen und übersetzen Sie:*

1. 我们今天早上八点上汉语课。
2. 谢老师 jiāo 我们语fǎ 和汉字。
3. 我明天去北京买书。晚上 jiù 回来。
4. 我要买一点儿茶。在北京茶不太贵。
5. 你叫什么名字？我叫汉sī. 是北京大学的学生。
6. 你们今天几点下课？我们十二点下课。
7. 他昨天给他妈妈，爸爸写信了。今天信 hái 没 dào。
8. 很多学生上 Wáng 先生的汉语课。Wáng 老师很好。
9. 我们明天去上海看朋友。你也要去吗？
10. 你的这本书 fēi常好。我用一下儿。
11. 姐姐不在家。她今天很晚下课。
12. 国太太的孩子都上课了。他们四点回来。
13. 他男朋友坐车 dào 上海去了。他晚上七点 dào。
14. Xiàn在 太晚。我要回家。好，我们一qǐ 去。
15. 我们明天晚上八点去看diànyǐng，好不好？
16. 下了课，他们回家喝茶。
17. 这本书我今天不用，kěyǐ jiè给 你。谢谢。不谢。
18. 明天的课几点 kāishǐ？ Chà不多九点 kāishǐ。
19. 请问，汉sī 今天晚上在家吗？不在。
20. 我要去问问谢太太的儿子昨天早上回来了没有。

Kopieren Sie die folgenden Zeichenbestandteile:

日											
罒											
⺈											
月											
田											
灬											
⺊											
宀											
儿											
木											

Kopieren Sie die neuen Schriftzeichen:

早											
晚											
今											
明											
昨											
天											

下											
课											
点											
字											

Tragen Sie alle Ihnen bekannten Schriftzeichen ein, die die folgenden Bestandteile enthalten:

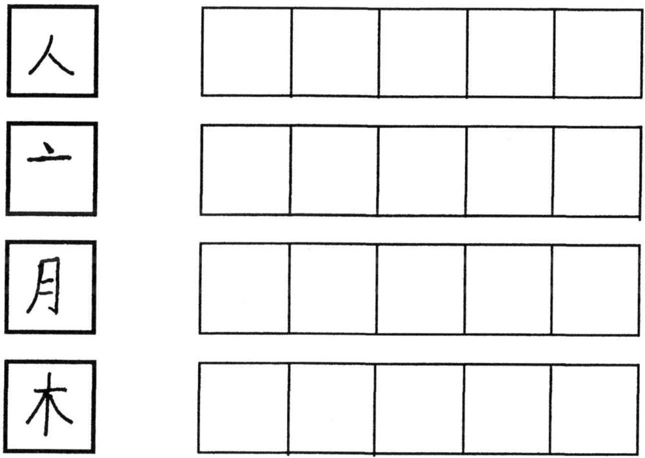

Setzen Sie in Schriftzeichen:

1. Wǒ jiějie jīntiān wǎnshang qù kàn péngyou.
2. Tā zuótiān cóng Běijīng huí lái le.
3. Nǐmen míngtiān zǎoshang jǐ diǎn shàng kè?
4. Wǒmen míngtiān bā diǎn shàng kè, shí'èr diǎn xià kè.
5. Nǐ guìxìng, jiào shénme míngzi?
6. Jiǔ diǎn tài zǎo. Wǒmen shí diǎn qù.
7. Shí diǎn tài wǎn le. Wǒmen zǎo yìdiǎn qù, hǎo bu hǎo?
8. Wǒmen zuótiān méi kàn tā. Tā tài máng.
9. Xiàle kè, tā nǚ'ér huí jiā hē chá.
10. Lǎoshī jīntiān yào gěi tāmen xiě xìn.

LEKTION 13

Neue Schriftzeichen

走
走
zǒu
(zu Fuß) gehen
走
7
吃
吃
chī
essen
口
6
饭
飯
fàn
Essen, Speise, gekochter Reis
饣
7
午
午
wǔ
Mittag
丿
4
菜
菜
cài
Speise, Gericht
艹
11

Neue Radikale 刂＝刀 (dào) Messer 饣 (shí) essen
走 (zǒu) zu Fuß gehen

Übungen *Lesen und übersetzen Sie:*

1. 我们今天晚上去中国饭guǎn, 好不好?
2. 好, 我们几点去? 七点半从你家去, 好吗? 好的。
3. 你 xǐhuan 吃中国菜吗? 我很 xǐhuan 吃。
4. 我们坐车去吗? 不, 我们走去。
5. 你从哪儿来? 我从谢先生家来。
6. Xiàn在几点? Chà 五分两点。我两点一刻上课。
7. 你下午几点下课? 我六点半下课。
8. 明天下课 yǐhòu 你回家吗? 不, 我要先去看女朋友。
9. 你中午几点吃饭? 十二点一刻吃饭。
10. Wáng 老师说, 汉sī 的汉语很好。
11. 汉sī 常常说汉语。他有很多中国朋友。
12. 我们七点五分 chūfā, 七点一刻 jiù 到了。
13. 那个学校的学生 měi天上午八点半上课, 下午三点下课。
14. 国太太作的菜 fēi常好。她今天晚上请朋友吃饭。
15. 我爸爸昨天下午四点在家 děng 我。我四点一刻回家, 太晚了一点。
16. 我 gēn 男朋友走到中国饭guǎn 去吃饭。他们那儿作的菜不cuò。
17. 我先去问问朋友, 他要不要 gēn 我们吃饭。他说, 他太忙。
18. Zhōu 先生和他的女儿今天中午要来我们家。
19. 我妈妈, 爸爸请她们喝茶, 吃饭。
20. 姐姐, 妹妹都没有车。她们走到大学上课。

Kopieren Sie die folgenden Radikale bzw. Zeichenbestandteile:

刂										
走										
饣										
至										
兑										
亥										
刀										
反										
[illegible]										
木										

Kopieren Sie die neuen Schriftzeichen:

半										
刻										
分										
说										
到										
走										

吃											
饭											
午											
菜											

Tragen Sie alle Ihnen bekannten Schriftzeichen ein, die die folgenden Bestandteile enthalten:

口									
儿									
大									

Setzen Sie in Schriftzeichen:

1. Jīntiān zhōngwǔ yǒu péngyou qǐng wǒ gēge hé wǒ chī fàn.
2. Tāmen zuò de Zhōngguó cài hěn hǎochī.
3. Wǒ gēge méi yǒu chē. Wǒmen zǒu qù.
4. Wǒmen liǎng ge rén míngtiān shàngwǔ dōu bú shàng kè.
5. Wǒmen liù diǎn shí fēn cóng wǒmen jiā qù.
6. Guó Xiānsheng de nǚ'ér hěn hǎokàn. Wǒ jiào tā Xiǎo Guó.
7. Xiè Lǎoshī zuótiān xiàwǔ sì diǎn dàole Běijīng.
8. Xuésheng liǎng diǎn yí kè xià kè. Nǐ shuō, wǎn bu wǎn?
9. Wǒ jiějie wǔ diǎn bàn cóng dàxué huílái le.
10. Wǒ de Hànyǔ lǎoshī cháng shuō: Zhōngguó cài hěn hǎo, yě bú guì.

LEKTION 14

Neue Schriftzeichen

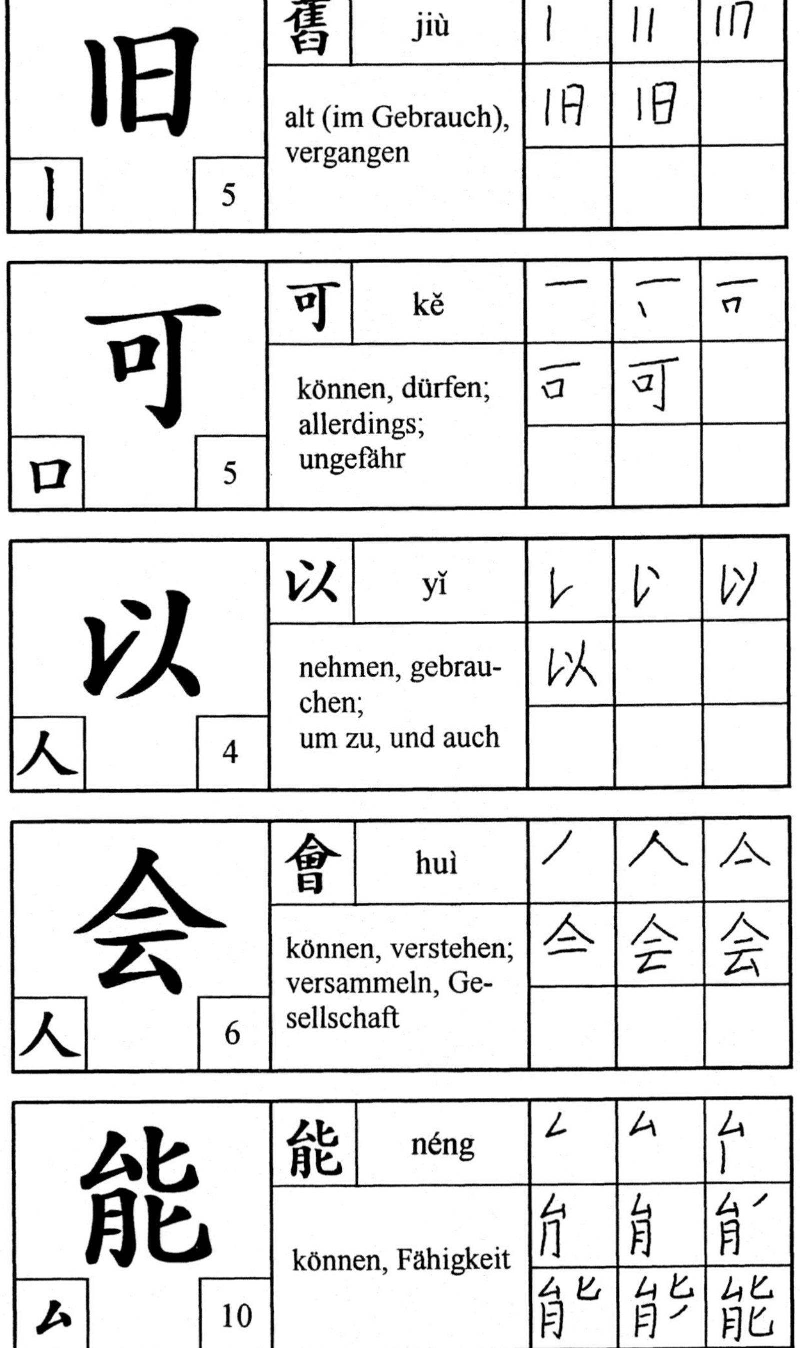

Zeichen	Radikal	Striche	Langzeichen	Pinyin	Bedeutung
旧	丨	5	舊	jiù	alt (im Gebrauch), vergangen
可	口	5	可	kě	können, dürfen; allerdings; ungefähr
以	人	4	以	yǐ	nehmen, gebrauchen; um zu, und auch
会	人	6	會	huì	können, verstehen; versammeln, Gesellschaft
能	厶	10	能	néng	können, Fähigkeit

Neue Radikale

文 (wén) Literatur, Kultur
西 (xia, xī) (urspr.) Deckel; Westen
斤 (jīn) Pfund
厶 (sī) (urspr.) binden; privat

Übungen

Lesen und übersetzen Sie:

1. 我朋友有四本中文书，我只有两本。
2. 这是什么东西？是好吃的点xīn。
3. 你会不会说中文？我会一点儿。
4. 那本画报我可以 jiè 给你。我 xiàn在不用。
5. 我要买新 yīfu。可以不可以请你 gēn 我去？
6. 我五点以hòu cái 能 gēn 你去。可以吗？
7. 下课以hòu 汉sī 和他的朋友去饭guǎn 吃一点儿东西。
8. 汉sī 在大学学习中文。他的女朋友也会说中文。
9. 我们去看看她的哥哥在不在家，好不好？
10. 我爸爸没学 Yīng文，他不能看 Yīng文报。
11. 姐姐会写chà 不多一 bǎi 个汉字。你 ne？
12. 妈妈的车很旧。她明天要买新的。
13. 妹妹昨天上 Fǎ文课了。她说老师不会说中文，Yīng文和德文。他只会说 Fǎ文。
14. 你什么 shíhou 可以来上海买新的德语书？
15. 弟弟今天下午四点半在 tú 书 guǎn jiè 新来的德文书。
16. 他们家有几个人？他们家只有三个人：妈妈，爸爸，一个男孩子。
17. 这 xiē 东西都太旧。我不要买。
18. 在德国只有很少的人会写汉字。也没有 很多学校可以学中文。
19. 谢先生的儿子今天晚上不能来。他在北京工作。到 xiàn在 hái 没回来。
20. 他们作的东西都很好吃。他们的中国茶也 fēi常好喝。

Kopieren Sie die folgenden Radikale bzw. Zeichenbestandteile:

文											
西											
斤											
厶											
匕											
月											
覀											

Kopieren Sie die neuen Schriftzeichen:

只											
文											
东											
西											
新											
旧											
可											
以											
会											
能											

Fügen Sie den folgenden Schriftzeichen jeweils ein zweites hinzu, so dass ein Wort bzw. eine Redewendung gebildet wird:

画_____ 昨_____ 晚_____ _____生

工_____ 写_____ 老_____ _____文

可_____ 请_____ 太_____ _____吃

东_____ 名_____ 坐_____ _____以

Tragen Sie alle Ihnen bekannten Schriftzeichen ein, die die folgenden Bestandteile enthalten:

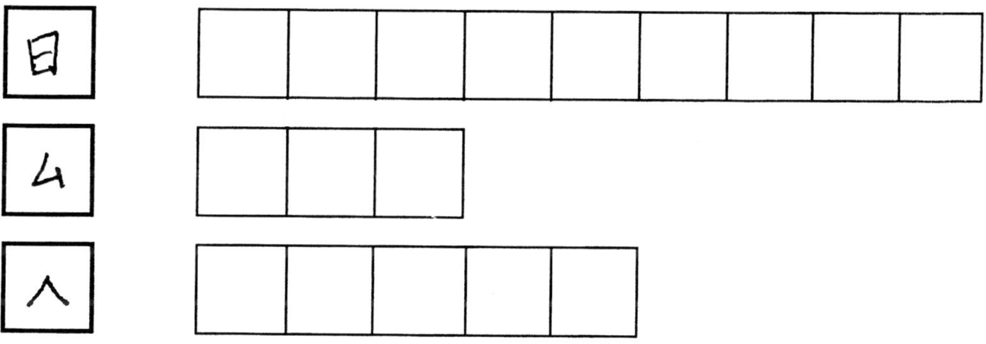

Setzen Sie in Schriftzeichen:

1. Zhè ge dōngxī tài guì . Wǒ bú yào mǎi.
2. Gēgē de chē hěn jiù. Tā míngtiān qù Běijīng mǎi xīn de.
3. Wǒmen xuéxiào zhǐ yǒu bāshí jiǔ ge xuésheng. Lǎoshī yě hěn shǎo.
4. Huì shuō Zhōngwén de rén zài Déguó bù duō.
5. Tā jīntiān zài Shànghǎi gōngzuò. Tā wǎnshang bù néng lái.
6. Zhè běn shū bú shì xīn de, shì jiù de.
7. Tāmen zuò de cài hěn hǎochī. Dōngxī yě bú guì .
8. Wǒmen zǎoshang bā diǎn cóng nǐ de jiā zǒu. Jǐ diǎn kěyǐ dào xuéxiào?
9. Guó Xiānsheng shì wǒ dìdi de Zhōngwén lǎoshī. Tā yě huì shuō Déwén.
10. Tā shuō tā míngtiān bù néng lái shàng kè. Tā yào dào Shànghǎi qù kàn māma, bàba.

LEKTION 15

Neue Schriftzeichen

年	年	nián
丿	6	Jahr

月	月	yuè
月	4	Mond, Monat

星	星	xīng
日	9	Stern

期	期	qī
月	12	Periode, Termin; erwarten

日	日	rì
日	4	Sonne, Tag

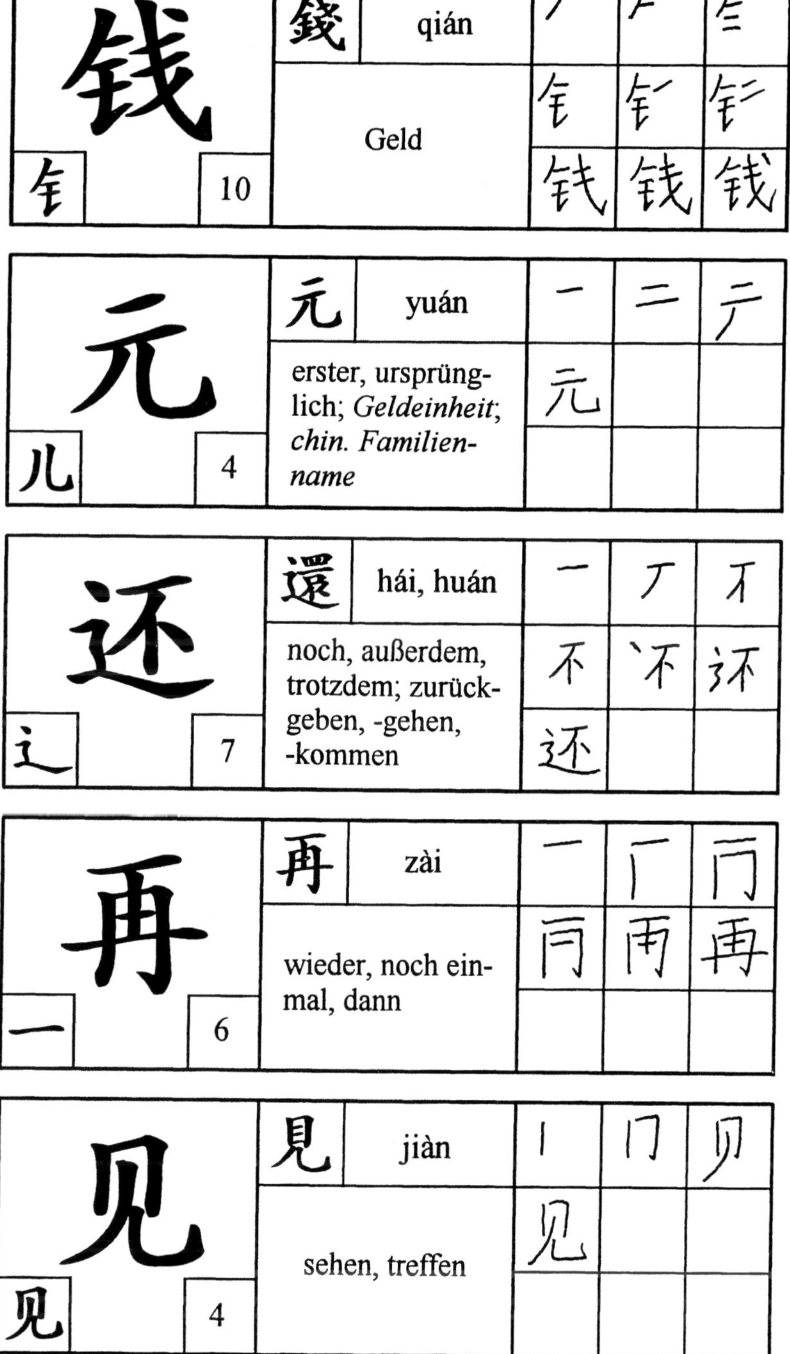

Zeichen	Radikal	Striche	Langzeichen	Aussprache	Bedeutung
钱	钅	10	錢	qián	Geld
元	儿	4	元	yuán	erster, ursprünglich; *Geldeinheit*; *chin. Familienname*
还	辶	7	還	hái, huán	noch, außerdem, trotzdem; zurückgeben, -gehen, -kommen
再	一	6	再	zài	wieder, noch einmal, dann
见	见	4	見	jiàn	sehen, treffen

Neue Radikale 钅 (jīn) Metall 见 (jiàn) sehen

Übungen *Lesen und übersetzen Sie:*

1. 明小姐星期五去北京看朋友。她那天没有课。
2. 这个东西多少钱？二十四元。太贵。
3. 学生星期日没有课。可以 xiūxi 一下儿。
4. 文先生今年回中国了。明年再来 jiāo 我们中文。
5. 我男朋友星期三没有 kòng。我星期六再见他。
6. 一年有十二个月。一月，三月，五月，七月，八月，十月和十二月都有三十一天，是四个多星期。
7. 四月，六月，九月和十一月有三十天。二月只有二十八天，是四个星期。
8. 国小姐一九九五年来了德国。她的中国朋友早一年来。
9. 老师请我们星期天到他家吃饭。
10. 谢太太还我这本书了。她今年不用了。
11. 星期四我工作太多。我们星期五早上走，好不好？
12. 那个日本人说的中文 fēi常好。
13. 他去年八月来德国学习德文。
14. Xiàn在几点？六点一刻，还不晚。
15. 你叫的菜都是什么东西？是日本菜。
16. 东mào 是学生。他没有很多钱。妈妈，爸爸，měi 个月给他六 bǎi 八十元。
17. 今天太晚了。我们明天在学校见。
18. 元大夫的孩子都在日本学日文。
19. 那本本子多少钱？三元，你说贵不贵？
20. 还你画报。下个月可以不可以再来 jiè 一下儿？可以。请再来。

Kopieren Sie die folgenden Radikale bzw. Zeichenbestandteile:

钅											
见											
月											
生											
其											
儿											
辶											

Kopieren Sie die neuen Schriftzeichen:

年											
月											
星											
期											
日											
钱											
元											
还											
再											
见											

Fügen Sie den vorgegebenen Schriftzeichen je drei passende Schriftzeichen hinzu, so dass Wörter bzw. Redewendungen gebildet werden:

上 _____ _____ _____	中 _____ _____ _____	学 _____ _____ _____
德 _____ _____ _____	几 _____ _____ _____	请 _____ _____ _____

Setzen Sie in Schriftzeichen:

1. Yuán Xiǎojiě xīngqīrì bú shàng kè.
2. Jīntiān shì qī yuè shíliù hào.
3. Guó Xiānsheng míngnián lái Déguó. Tā yào zàijiàn tā de Déwén lǎoshī.
4. Zhè ge cài duōshao qián? Bā yuán. Bú tài guì .
5. Xiè Dàifu jīnnián hái méi qù Běijīng. Tā tài máng.
6. Wǒ gēge zài Shànghǎi gōngzuò. Tā shì gōngrén.
7. Wǒmen zǒule. Xià ge yuè zàijiàn.
8. Tā de péngyou lái huán tā nà běn huàbào.
9. Wǒ de Rìwén lǎoshī xīngqīliù huí Rìběn. Wǒ míngnián sì yuè zàijiàn tā.
10. Wén Xiānsheng de chē hěn jiù. Tā hái méi mǎi xīn de.

Verzeichnis der Schriftzeichen

a) nach Pinyin-Umschrift alphabetisch geordnet (mit Lektionsangabe)

她 tā 9
太 tài 9
天 tiān 12

w

晚 wǎn 12
文 wén 14
问 wèn 7
我 wǒ 2
五 wǔ 6
午 wǔ 13

x

西 xi 14
习 xí 8
下 xià 12
先 xiān 9
小 xiǎo 8
校 xiào 8
写 xiě 11
谢 xiè 5
新 xīn 14
信 xìn 11
星 xīng 15
姓 xìng 7
学 xué 8

y

要 yào 11
也 yě 3
一 yī 6
以 yǐ 14
用 yòng 9
友 yǒu 4
有 yǒu 6
语 yǔ 4
元 yuán 15
月 yuè 15

z

在 zài 8
再 zài 15
早 zǎo 12
这 zhè, zhèi 3
只 zhǐ 14
中 zhōng, Zhōng 4
住 zhù 6
子 zǐ 9
字 zì 12
走 zǒu 13
昨 zuó 12
坐 zuò 5
作 zuò 10

b) *nach Strichzahl geordnet (mit Lektionsangabe)*

1

一 yī 6

2

人 rén 4

二 èr 6

七 qī 6

八 bā 6

九 jiǔ 6

十 shí 6

儿 ér 8

几 jǐ 10

了 le 11

3

也 yě 3

大 dà 5

三 sān 6

六 liù 6

个 gè 6

么 me, ma 7

习 xí 8

小 xiǎo 8

子 zǐ 9

女 nǚ 10

工 gōng 10

口 kǒu 11

上 shàng 11

下 xià 12

4

不 bù 2

车 chē 3

书 shū 3

友 yǒu 4

中 zhōng, Zhōng 4

夫 fū 5

五 wǔ 6

什 shén 7

少 shǎo 8

太 tài 9

从 cóng 11

今 jīn 12

天 tiān 12

分 fēn 13

午 wǔ 13

文 wén 14

以 yǐ 14

月 yuè 15

日 rì, Rì 15

元 yuán 15

见 jiàn 15

5

他 tā 2

们 men 2

汉 Hàn 4

四 sì 6

号 hào 6

叫 jiào 7

生 shēng 8

本 běn 9

用 yòng 9

去 qù 9

写 xiě 10

北 běi 11

半 bàn 13

只 zhǐ 14

东 dōng 14

Verzeichnis der Radikale

(nach Strichzahl geordnet, mit Lektionsangabe)

1

Radikal	Pinyin	Lektion
一	yī	2
丨	gǔn	3
丿	piě	6
乛(乙⺄乚)	yī	11

2

Radikal	Pinyin	Lektion
二	èr	6
十	shí	6
刂(=刀)	dào	13
亻	rén	2
八(丷)	bā	3, 6
人	rén	4
几	jī	10
儿	ér	8
亠	tóu	6
冫	bīng	8
冖	mī	10
讠	yán	4
阝(邑)	yì	3
凵	jù	9
厶	sī	14
又	yòu	4

3

Radikal	Pinyin	Lektion
工	gōng	10
土	tǔ	5
扌	shǒu	9
艹	cǎo	7
大	dà	5
小	xiǎo	8
口	kǒu	2
囗	wéi	4
巾	jīn	9
山	shān	10
彳	chì	2
夕	xì	8
饣	shí	13
忄(=心)	xīn	2
门	mén	7
氵	shuǐ	4
宀	mián	10
辶	chuò	3
子(孑)	zǐ	8, 10
女	nǚ	2
纟	mì	10

4

Radikal	Pinyin	Lektion
木	mù	8
车	chē	3
戈	gē	2
日	rì	2
贝	bèi	7
见	jiàn	15
斤	jīn	14
父	fù	3
月	yuè	4
文	wén	14
灬(=火)	huǒ	12
心(=忄)	xīn	5

5

Radikal	Pinyin	Lektion
目	mù	7
田	tián	10
钅	jīn	15
禾	hé	11